教室の感動を実況中継！
先生、日本ってすごいね

授業づくりＪＡＰＡＮの気概ある日本人が育つ道徳授業

公立中学校教諭
服部　剛

まえがき

私は公立中学校に勤める一教師です。未来を担う中学生に日本の良さや日本に生まれた喜びを知ってもらおうと、道徳の授業で立派な日本人や日本の国柄の素晴らしさを教材化してきました。今、文部科学省が「道徳の教科化」を進めております。その一助になればと、私の授業をご紹介します。各項目はすべて授業実践報告です。生徒の感想は部分抜粋ですが、誤字やひらがなを漢字に直した程度です。つたない表現ながらも中学生らしい素直で純粋な心が伝わります。合わせて生徒たちの道徳的変容も味わってください。

【本書の読み方】

●**教師の発言は『　』。生徒の発言や感想等は「　」や○**をつけて表記しました。

●教師の問いかけ（発問）のなかでも、生徒の**「道徳的価値観に迫る発問」**や**「道徳的感性・思考力を深化させる発問」**は、罫囲みで示しています。読者もちょっと立ち止まって、自分ならどうするか、中学生ならどんな反応をするかを考えながら読み進めてください。

●【資料】は中学生向けに抜粋要約した「教材」です。詳細は参考文献を参照してください。

目次

まえがき　1
1「戦場の知事 島田叡～沖縄の島守」役割と責任　4
2「やまと心とポーランド魂」恩を忘れない　23
3「エルトゥールル号事件」感謝の心　38
4「ペリリュー島の戦い」崇高な精神　52
5「焼き場の少年・一片のパン」人間の気高さ　65
6「海の武士道～敵兵を救助せよ」生命の尊重　79
7「日本マラソンの父・金栗四三《かなぐりしぞう》」三度のオリンピック」努力を続ける　99
8「佐久間艇長の遺書」役割と責任　114
9「柴五郎中佐」勇気ある行動　129

10「上杉鷹山《ようざん》　為《な》せば成る」誠実・責任 145
11「ユダヤ人を救え　樋口少将と犬塚大佐」差別偏見の克服 158
12「特攻隊の遺書」先人への敬意と感謝 173
13「昭和天皇とマッカーサー」強い意志 189
14「空の武士道」利他の精神・人間の気高さ 203
15「日本ミツバチの団結力と日本人の美徳」集団生活の向上 219
16「板東《ばんどう》捕虜収容所　松江豊寿《とよひさ》中佐とドイツ人捕虜」寛容の心 239
17「台湾人に愛された八田與一《はったよいち》」公正公平 254
18「絆の物語～アーレイ・バーク」日本人の伝統精神と集団生活 268
19　三年間、服部道徳を受けて生徒の感想 283
あとがき 288

1 「戦場の知事 島田 叡《あきら》～沖縄の島守《しまもり》」役割と責任

「大東亜戦争（太平洋戦争）の末期、沖縄県知事として住民とともに奮闘した島田叡を題材に、「役割と責任」を考えさせる授業である。

次の二つの視点で考えを深めていくことに重点を置いて授業を進めた。

①ありったけの地獄を一つにまとめたような戦いといわれる沖縄戦において、島田叡は県知事としてどのような覚悟をもって、どのような行動をとったのか。

②わずか在職五ヶ月足らずの島田が、「沖縄の島守」として現在に至るも多くの県民に慕われ続けているのはなぜなのか。

《授業はじめ》

『みんな毎日、忙しく学校生活を送っていますが、気がのらない仕事もありますか。「自分がなりたくてなった係じゃない」とか「何で自分がやらなくちゃいけないの」とか…。

また「こんなこと、自分にはできそうもないよ」という仕事を任されることもあるでしょう。

こんな時、あなたはどうしていますか。その理由も答えてください』

「頑張る↓（理由）やらなければいけないから」

「頑張ってみる↓頑張るといつか良いことがあるから」

「やるべきことをやる↓自分が嫌だと思うものだったら、たぶん他の人も嫌だと思うから、自分でちゃんとやろうと思う」

「嫌だけど頑張る↓信頼されて任されていると思うから」

「協力してもらいながらやる↓やらなければならないから」

「何とかなるでしょと思ってやる↓やれば意外と出来るかもしれないし、楽しいかもしれないから」

「がまんして引き受ける↓わがままを言っても仕方ないと思うから」

それなりに責任を果たそうとしているようだ。偉いぞと誉める。

「取り敢えずやる↓怒られるのが嫌だから」

「ことわる↓嫌だし、出来なくて人に迷惑をかけたくないから」

「少しだけやるか、やらないで帰ってしまう↓面倒くさいし、やる気が出ないから」

「人に押し付ける↓自分より向いている人がいると思うから」

正直である。

ここで「沖縄戦の推移」が分かる地図を示し、戦闘の概要を簡単に解説する。ＶＴＲを利用して、「鉄の暴風」と言われた凄まじい戦場をイメージさせてもよいだろう。

『大東亜戦争での沖縄防衛戦では、軍民合わせて約二十万もの人が犠牲になりました。沖縄県の各地には写真のような慰霊碑が数多く建てられています』

といって、ある慰霊碑（写真下）を紹介する。とても大きな慰霊碑である。

沖縄戦の推移

沖縄県摩文仁に建つ慰霊碑のひとつ
写真提供：谷明博

沖縄戦の概要をつかんだら、さっそく本題に入ろう。

【資料1】

大東亜戦争の末期、日本は戦況が悪化し、沖縄県も空襲をうけるようになりました。沖縄県知事の泉守紀《いずみもりのり》氏は空襲を恐れ、あちこちに県庁を移転させたので行政が滞っていました。また、住民の疎開や食料の搬入を進める政府や軍にも非協力的だったそうです。とうとう泉知事は出張と称して本土に出かけ、そのまま沖縄に帰ってこなかったのです。

内務省では、後任の知事を誰にするか困ってしまいました。なぜなら、まもなくアメリカ軍の沖縄上陸が確実だったので、引き受ける人物がいなかったからです。

そこに、沖縄守備軍の司令官・牛島満中将から「ぜひ、島田叡君を」との指名がありました。島田叡は兵庫県神戸市出身。内務省のエリート官僚です。中学から東京大学まで野球選手として活躍し、勉強とスポーツを両立させた秀才でした。当時四三歳の島田は、大阪府に勤めていました。島田は以前から牛島中将と親交があり、深く信頼されていたのです。

昭和二十（一九四五）年一月十一日、府知事から呼び出された島田叡は、「沖縄県知事になってほしい」と要請されました。

◇　資料1　ここまで　◇

『島田 叡とはこんな人です』と言って顔の写真を紹介する。

最後の官選沖縄知事　島田 叡
写真提供：共同通信社

朴訥とした風貌からにじみ出る
意志の強さがうかがえる

沖縄県知事就任の要請を受けて、あなたが島田叡だったら何と答えますか。

○本当に私でいいなら、行きます。
○この話は断ると思う。
○家族もいますし、相談したい。
○考えさせて欲しいと言う（正直、嫌だ！）
○兵庫県出身だから沖縄の知事にはなれません、と言う。
○何て答えていいか、わかりません。

『島田叡は何と答えたのか、資料２で確認しよう』

【資料２】

島田は即答しました。

「私が行きます」。

府知事は「君、家族もあるのだから三日ほどよく考え、相談した上で返事してもいいんだぞ。断ってもいいんだぞ」と言いました。しかし、島田は「いや、これは、妻子に相談することじゃありません。私が決めることです」と答えたといいます。

自宅に帰って、妻に「朝から何か良いお話でしたの」と訊かれた島田は「沖縄県知事の内命やった。もちろん引き受けて来たわ」と落ち着き払って答えました。

驚いた妻の「なぜ、あなたが!?」との問いに、島田はこう言いました。

「誰かが、どうしても行かなならんとなれば、言われた俺が断るわけにはいかんやないか。俺が断ったら誰かが行かなならん。俺は行くのは嫌やから、誰か行けとは言えへん。これが若い者なら、赤紙（召集令状）一枚で否応《いやおう》なしにどこへでも行かなならんのや。俺が断れるからというので断ったら、俺は卑怯者として外も歩けんようになる」

のちに島田はこうも言っています。

「牛島さんから赴任を望まれた。男として名指しされて断ることはできへんやないか」

こうして、一九四五年一月三一日、島田叡は沖縄県知事として単身、赴任しました。

島田の荷物はトランク二つだけ。中には衣服と茶道具、愛読書数冊、薬。そして、拳銃。胸ポケットには青酸カリが入っていました。

◇　資料2　ここまで　◇

『島田知事の持ち物から、何がわかりますか』

○自分の命が無くなっても構わない。
○死ぬ気で沖縄に行っている。
○生きては帰れないと思っている。

○戦い抜きたいという気持ちだ。

ここで、「**覚悟**」と黒板に大書した。青酸カリが自決のための毒薬であることを確認した上で、島田知事が二度と生きては帰らぬ決意を秘めて、「覚悟の赴任」だったことを説明した。

『では、着任後の島田知事の行動を資料から読み取っていこう』

【資料3】

過酷な運命を覚悟した上での赴任でした。県庁の職員を前にした島田知事の挨拶は次のようなものでした。

「本当の奮闘はこれからだ。一緒になって共に勝利への道に突進しよう。無理な注文かもしれないが、まず元気にやれ。明朗にやろうじゃないか。私が万一、元気を無くしたら強くしかってもらいたい。これからは知事も部長も課長も思い切ったことを言い、創意と工夫を重ねて良心を持ってやろう。そして力一杯、早くやることだ」

これを聞いた職員の多くは「この長官は自分たちを捨てていかない。この人にならば最期までついていける」と思いました。

ある人から「泉知事は逃げてけしからん。知事さんも大変ですね」と言われた島田知事は、

「人間、誰でも命は惜しいですから仕方がないですね。私だって死ぬのは恐いですよ。しかし、それより卑怯者といわれるのは、もっと恐い。私が来なければ、誰かが来ないといけなかった。人間とは運というものがあってね」

と、前の知事の悪口は一言も言わなかったといいます。

島田知事は軍との協力に努め、遅れていた県民の疎開を推進しました。その結果、約十六万人の県民の命が救われることになります。また、食料・医薬品等を確保し、台湾から約三六〇〇トンもの米を運びこみました。やがて県民は知事に深い信頼の気持ちを抱くようになっていきます。

また、たびたび農村を視察した島田知事は、勝利を信じてひたすら軍に協力する住民が不憫《ふびん》でなりませんでした。

「アメリカ軍が上陸すれば、どうなるのか…。少しでも楽しい思いをさせてやりたい」

島田知事は酒の増配を実施し、禁じられていた村の芝居も復活させて県民を楽しませました。この知事のためなら死んでもかまわないと思った県民も多かったといいます。

三月に入って空襲が始まると、県庁を首里に移転し、地下壕の中で仕事をするようになります。壕内はかなり暑く、天井は鍾乳石がむき出しで、頭がぶつかりそうな低さでした。職員全員が家族を疎開させ、想いを断ち切って、県民のために尽くそうとしました。この頃には島田知事の姿勢が職員にも浸透していたのです。

ある日、女子職員が島田知事に顔を洗うように勧めると「お前が命懸けで汲んできた水で顔が洗えるかい」と言い、他の職員と同じように米の研ぎ汁を浸した手拭いで顔を拭っていました。

アメリカ軍が上陸し、「ありったけの地獄を一つにまとめたような戦い」といわれた激戦が続きました。多くの命が失われ、軍・民ともに沖縄本島南部に追い詰められていきました。行政は無力になり、県庁も崩壊しました。

「知事さんは県民のためにもう十分働かれました。文官なんですから、最後は手を上げて出られてもよいのではありませんか」と提案された島田知事はこう言いました。

「君、一県の長官として、僕が生きて帰れると思うかね。沖縄の人がどれだけ死んでいるか、君も知っているだろう」とその責任感はまったく衰えませんでした。その一方で、「それにしても、僕ぐらい県民の力になれなかった県知事は、後にも先にもいないだろうなあ。これは、きっと末代までの語り草になると思うよ」と県民を守り通せなかったことで自分を責めていたといいます。

いよいよ最期の時が近づきました。島田知事は、女子職員に「僕たちはこれから軍の壕に行く。米軍は君たちには何もしないから、最後は手を上げて出るんだぞ」と言いきかせました。それを聞いた女子職員は、「悔しくて、悔しくてたまりませんでした」と語っています。

職員に別れを告げ、激戦の中、軍の壕を目指して出て行った島田知事は永遠に消息を絶ってしまったのです。その遺体は今も見つかっていません。

◇　資料3　ここまで　◇

『島田知事の行動をどう思いましたか』

○県民と気持ちを一つにして全力で頑張っていた。美しい人だと思う。
○沖縄のために全力を尽くした島田さん。とても頑張っていたのに、県民の力になれなかったと言っていて、とても責任感が強いと思った。
○自分の命より、みんなを守るっていうのは私には絶対出来ない。逆にどうしてそこまで出来るんだろう…。
○自分には出来ないことだけど、知事がこんな人だったら、私も付いていくと思う。
○地位とかじゃない偉さを持った人だなぁ。
○逃げた前の知事のことを悪く言わないのはすごいなと思った。
○他人のために命の限りを尽くして凄い。他の人には真似できないことだと思った。
○なんて人だと思った。行動が素晴らしすぎる。

『島田知事の最期の様子が戦後になってわかりました。資料を読みましょう』

【資料4】

昭和四七年、これまで不明だった島田知事の最期の様子を目撃した人が名乗り出ました。当時、分隊長だった山本初雄さんです。山本さんによると、摩文仁《まぶに》の海近くの壕で

「島田知事は頭を奥にし、体の左側を下にしておられた。『負傷しているんですか』ときくと、『足をやられました』と言われた。知事さんが『兵隊さん、そこに黒砂糖がありますからお持ちなさい』と言った。何も食べ物がない時ですよ。偉いと思います。

翌日、再び壕を訪ねると亡くなったという。壕に入ると、知事の膝のそばに拳銃があった。右手から落ちたような感じで。『ああ自決したんだなあ』と思い、合掌して壕を出ました」

終戦から六年後の昭和二六（一九五一）年には、県民の寄付によって、島田知事と亡くなった県職員四五三名の慰霊碑が、摩文仁の丘に建てられています。その名も「島守の塔」。

島田知事が在任したのは、たった五ヶ月足らずです。しかもそれは地獄の日々でした。しかし、「島守の塔」は今でも参拝する人びとでお線香の煙が絶えることはありません。

戦場での県民保護に全力を挙げ、四三歳で摩文仁の丘に散った島田知事。毎年六月二二日には、慰霊祭が行われています。

◇　資料4　ここまで　◇

『実は、授業の冒頭で紹介した慰霊碑の写真が「島守の塔」です。島田知事は誰言うともなく「沖縄の島守」と呼ばれるようになりました。沖縄の土となって、今でも島を守ってくれている、と沖縄県民は信じているのです』

島田知事が人に請われると好んで書いた字があります。漢字一字です。何だと思いますか。


「命！」

「勇！」

「烈！」


『正解は「**断**」です』

と言って、黒板に「断」と大書する。

『この字はどういう意味でしょうか。島田知事の行動に照らして、考えてみましょう』
○ビシッと決断する。
○けじめをつけるという意味だ。

○自分の未練を断ち切る。
○「俺は断らない！」みたいな感じ。
○状況を良く見て判断する。

私から「決断の断」「断じて行うの断」「断固実行するの断」「迷いを断つの断」等と紹介し、認識を深めさせた。

「島田さんの生き方が、この一文字に表れている」と言った生徒がいた。生徒の多くが島田知事の意をよく汲み取ったと言えよう。

《授業おわり》

事後の生徒の感想を紹介する。

○人間にはやらなきゃいけないことがある。これを学べた道徳だった。自分にはとうてい出来そうにないが、いつかは出来るような人になりたい。
○嫌な仕事でも誰かがやらなければいけない時があると思います。その時に、嫌だから人に振るのか、自分の利益を考えずに人のためだと思って引き受けるのか。それは、その人の勇気によって決まると思います。一時の感情に流されるのではなく、そうした方が自分に良いと信じて行動した方が後悔しないと思う。
○自分の命を捨てても県民とともに努力した島田さんを尊敬します。自分も部長なので、部員とともにみんなで気持ちを一つにして頑張りたい。
○自分に勝っているんですよね。欲を表に出さない。そして、真っ直ぐしてる。「人間には絶対なんて無い」っていうのが嘘のように見えます。
○意志の強い人というか、本当に凄い人だ。人を裏切らないという以前に自分を裏切らない。自分を裏切ったら人を裏切っているのと同じってことでしょう？　もし私が、そんな局面に立たされたら、果たしてこんな綺麗事のような言葉を言っていられるのか。それを貫き通せたら、綺麗事は信念になって、人徳を得ることになるのかな？
○学校の係や委員会などの仕事とはぜんぜん重さが違う。島田さんのことを知り、仕事を断ることが恥ずかしい気がしてきた。私はこれから島田さんを見習って、他の人が嫌がる仕事も積極的に引き受けたいと思う。
○今までの自分は面倒くさいと思うものはすぐに投げ出していたけれど、島田さんに関する資料を読んで、投げ出している自分が恥ずかしいと思いました。これから島田さんのように正義感のある人間として生きていきたいです。
○沖縄県民でもないのに、県民のために命を絶って…、ありえないと思った。自分の出身の県や住んでいる県ならわかるけど、まったく関わりがない沖縄県を必死で守ろうとしてすごい人だ。私も自分のためだけじゃなくて、友達や他人のために頑張ろうと思う。

○「死ぬことは怖いけど、卑怯者と言われる方が怖い」というところがまるで武士のようだと思いました。憧れます。

○自分以外の誰かのために何かをすることの大切さに気付きました。こんな風に、誰かのために尽くすことは素晴らしいことだなと思いました。私はこんなに素晴らしいことは出来なくても、自分がやれることはやろう！と思いました。

○突然、知らない場所に来て、そこの県知事になって、それでいて県民のことをしっかり考えられることがすごい。自分より県民を優先するというのは、とてもつらいことだけど、それを最後までやり遂げたこともすごいと思った。

○自分が引き受けたことは、最後まで責任を持ってやり通さなければならないと思った。

○いかにも「人の上に立つ人」の行動だと思った。こういう「進んで仕事を引き受ける」というのは、何をするにしても大切なことだと思う。

○島田知事の決断の力がわかりました。人間は決断したら、こんなにすごいことが出来るのだなと思いました。いつか自分にも、こんな時が来るのかなと思いました。

○島田さんはすごい人だなーと思った。自分のためじゃなくて人のために動ける。自分も人のために行動できる人になりたいと思った。

○自分よりも他人のことを優先するという島田知事の考え方は、私には驚きでした。どんなことでもあきらめないでやることは大切なんだなと思いました。「断＝迷いを断つ」という言葉は島田知事にぴったり合っています。
○島田さんは沖縄県の知事になってすぐに死ぬ覚悟を決めるなんて凄い人だと思う。一つ一つの行動がとても勇気のある行動で、びっくりしました。最後は自決してしまったなんて、かわいそうです。
○やるからには最後までしっかりとやるという島田知事の責任感はすごいと思う。僕は仕事を最後までやりきれないことがあるので、手本としたい。
○島田さんは沖縄県知事になって、と求められて即答しました。よくその場で即答できたなと思いました。しかも十六万人もの県民の命を救ったなんてすごい人です。僕も島田さんみたいに、何か頼まれたら即答できるようにしたいと思います。

授業時間に余裕があれば、次のエピソードを紹介して島田知事の人物像をより深めたいものである。

〔1〕島田知事の座右の書は『南洲翁遺訓』と『葉隠』
沖縄赴任の際に持参した本がこれであった。三十代半ばの島田が佐賀県警察部長を務めていた時、「西郷隆盛勉強会」に参加していた。そこで西郷と桐野利秋との問答を聞き、大きな感

銘を受けている。そのやり取りは以下のようなものである。

桐野利秋から「偉い人とはどんな人ですか」という質問に、西郷は「偉い人とは大臣であるとか大将であるとかの地位ではない。財産の有無ではない。一言に尽くせば、後ろから拝まれる人である。死後、慕われる人である」と答えた。

これを聞いた島田叡は、師匠に次のように誓っている。

「今夜は本当に痛棒を喫しました。中学時代から野球選手としてチヤホヤされていい気になり、大学卒業後は官吏となって部下から頭を下げられてうぬぼれていました。泡のような人気、煙のような権力の地位、今後こうした臭みを一掃して、真の自己完成に精進します」

島田は西郷の言葉を生涯の修養目標にしたという。そして、死して「島守の神」となり、本当に「後ろから拝まれる人」「死後、慕われる人」になったのである。
〔2〕「人間、アホになれたら一人前や」「アホの勉強、忘れなよ」
島田知事が、いつも部下に語っていた言葉だそうだ。島田の言う「アホ」とは誠実一筋。国家国民に尽くす官吏の心構えをユーモラスに説いたのであろう。島田の人柄がしのばれる。
〔3〕島田知事の母校・旧制神戸二中（現・兵庫県立兵庫高等学校）には、島田知事の顕彰碑が建っている。そこに刻まれた文字は、「断而敢行鬼神避之（断じて敢行すれば鬼神も之を避く）」

（司馬遷「史記」伝より）。島田の好んだ字「断」は、これである。

〔4〕学生時代、野球選手としても名高かった島田知事だが、現在の夏の高校野球で、沖縄県大会優勝校に授けられるのが「島田杯」である。島田への思慕を込めた記念杯であり、こんなところにも沖縄県民の感謝の念が現れている。

今年（平成二七年）、那覇市に県民らの募金によって島田知事の顕彰碑が設置された。島田が亡くなったとされる六月二七日に除幕式が盛大に開催された。高さ三メートルもの立派なモニュメントである。

■参考文献

・『沖縄の島守　内務官僚かく戦えり』（田村洋三）中公文庫

・『沖縄の決戦─県民玉砕の記録』（浦崎純）文華新書

平成２７年６月、那覇市に建てられた
島田叡顕彰碑　写真提供：谷明博

2「やまと心とポーランド魂」恩を忘れない

平成十一年八月四日付の『毎日新聞』に「日本のみなさん、ありがとう」と題するポーランドからのメッセージが載せられた。来日したポーランドの少年少女舞踊合唱団がヘンリク・サドフスキさん（八八歳）から託された日本人へのメッセージである。

「親切にしてくれたことを忘れません」

大正時代の日本が国を挙げて取り組んだある事業から、真の国際交流のあり方と気概のある日本人の姿を学ぶ授業である。

歴史的事実に裏打ちされた国家間の友好関係を知ることを通して、先人が残してくれた遺産に感謝し、国際社会に貢献する気概と態度を養いたい。

《授業はじめ》

『平成二三年の夏休み、岩手県と宮城県の中・高校生三十名がポーランドに招かれ、約一ヶ月滞在しました。「絆《きずな》の架け橋プログラム」と言います。実は、平成七（一九九五）年の夏休みにも、三十名の日本の小・中学生がポーランドに招待されていました。前者は東日本大震災、後者は阪神・淡路大震災で大きな痛手を受けた子供たちでした』

どうしてポーランドの人々は、こんなに日本の子供たちをいたわってくれるのでしょうか。


「かわいそうだから」

「ポーランド人は優しいから。または、ポーランドにも同じような被災した人がいる？」

「ポーランドも自然災害が多いから？」

「昔、日本がポーランドに何かしてあげたからかも」


『では、資料で確認しよう』


【資料1】

平成七（一九九五）年、両国の間を奔走してポーランドのワルシャワに日本の小中学生の被災児を招待したのは、日本のポーランド大使館に勤務していたフィリペックさんです。

フィリペックさんの父親は、第二次世界大戦中、彼が三歳の時にドイツ占領下のポーランドでゲシュタポ（秘密警察）に捕まって強制収容所に送られ、還らぬ人となりました。

その後、彼はおばあさんに育てられ、よくこう聞かされていました。

「お父さんのように強くなりたかったら、ジジュッ（柔術）をやりなさい。ヤポンスカ（日本）に伝わるレスリングよ。ヨーロッパの果てのそのまた果てにね、ヤポンスカという東洋の小さな島国があるの。その小さな国が、大きくて強いロシアと戦争をして、やっつけたんだもの。ヤポンスカはサムライの国でね、サムライ魂を持っているんだ」

これがきっかけとなってフィリペックさんは日本語を学び、両国の友好のために働こうと決意しました。

そんなフィリペックさんが「神戸の小中学生被災児をポーランドに招待する」というボランティアに取り組んだのです。その背景には大正時代における知られざる「日本〜ポーランドの交流」の歴史がありました。

もともとポーランドは、東ヨーロッパの伝統的な王国でした。ところが、一七九五年（寛政七年・江戸時代）にプロイセン・ロシア・オーストリアによって三分割され、ポーランドはすべての国土を失ってしまいました。

そこでポーランドの愛国者たちは、密かに独立運動を展開します。しかし、そのたびに逮捕されて、家族もろとも流刑《るけい》の地・ロシアのシベリアに次々と送られました。祖国を失い、苛酷な環境に置かれたポーランド人。苦難のはじまりでした。

流刑と言っても犯罪者ではありません。愛国者なのです。彼らは独立の日を夢見ながら涙を流し、耐え続けました。

この時から一三〇年の歳月が流れ、世界を巻き込んだ第一次世界大戦が勃発します。一九一九（大正八）年、戦争が終結し、ヴェルサイユ条約によってようやくポーランドは独立できることになったのです。それまで虐げられてきたポーランド人たちは喜びに湧《わ》きました。

シベリアに流刑にされたポーランド人は、十数万人。彼らは長い間、肩を寄せあい、寒さと飢餓と伝染病と戦いながら生き抜いてきました。最後の食べ物を子供に与えたあと、その子を抱いたまま息を引き取った母親も多かったといいます。こうして親を失った孤児たちの生活は極めて悲惨でした。こんな状態だっただけに、どんなに待ちこがれた祖国の独立だったことでしょう。

「やっと祖国に帰れるんだ！」

ところが、シベリアのポーランド人は絶望します。なぜなら、大戦中に起きたロシア革命で誕生したソ連が、ポーランドと戦争を始めたからです（一九二〇年　春）。そのため、唯一の帰国ルートであったシベリア鉄道が利用できなくなってしまったのです！

ロシアのウラジオストックに住むポーランド人によって結成された「ポーランド救済委員会」

が、かわいそうな孤児たちを救おうとしましたが、なかなか救援活動は進みませんでした。そこで、救済委員会はヨーロッパやアメリカの政府に救援を依頼しました。

しかし、シベリアのポーランド人は再び絶望に陥りました。なぜなら、欧米諸国は彼らの救援要請をことごとく拒否してきたからです。

飢餓と伝染病に苦しむ孤児たちの命は、最大の危機に直面しました。

◇　資料１　ここまで　◇

『ポーランドの孤児たちは、この後どうなったと思いますか』

「飢えと伝染病で死んでしまった？」

「もっと死んじゃったのかな？　助けてあげればいいのに」

「きっと日本が助けたんだ」

『たった一つだけ、手を差し伸べた国があったのです。どこの国でしょうか』

【資料２】

欧米諸国が、ことごとくポーランドの要請を拒否するなか、「よし、手を貸そう！」と名乗り出た国が唯一存在しました。それが日本です。

日本赤十字社とシベリアに出兵中の陸軍兵士たちが、機敏な行動をおこしました。

孤児の一人で、日本に助けられたダニレビッチ氏は当時の状況をこう語っています。

「街には、飢えた子供があふれていましたね。その子たちは、日本のヘイタイサンを見ると、『ジンタン(仁丹)、クダサイ。ジンタン、クダサイ!』と、せがむのです。日本のヘイタイサンは、やさしかった。わたしも、キャラメルをもらったことがあります。孤児の中には空腹をまぎらわそうと、雪を食べている子供もいました。シベリアはもう、まったくの地獄でした」

事態は一刻の猶予もありません。「ポーランド孤児を救出せよ!」。日本赤十字社と日本陸軍の兵士らは酷寒のシベリアの地に入って行き、せめて親を亡くした孤児だけでも助けよう、と悪戦苦闘しました。

救出した孤児たちを保護しながらウラジオストックまで行き、そこから東京と大阪に船で次々と送り出します。なんと、日本政府が救済の決定をした二週間後には、五六名の孤児を東京の宿舎まで届けていました。鮮やかな救出劇でした。

日本は、以後三年間で合計七六五名の孤児たちを救い続けました。

しかし、孤児たちは飢餓と重い伝染病で衰弱しきっていました。大量の孤児を受け入れた日本国内の施設では、看護婦が付きっきりで看護しました。ほとんどの孤児たちは、ここで初めて大人の優しさに触れたといいます。

もはや手遅れと思われた腸チフスの少女の看護にあたった二一歳の看護婦・松沢フミさんは「死を待つほかないのなら、せめて自分の胸で死なせてやりたい」と毎晩少女のベッドで添い寝をしました。その甲斐あって、少女は奇跡的に命をとり止めたのです。しかし、その様子を見届けた松沢さんは亡くなりました。腸チフスに感染したのです。みずからの命を捧げてまでも異国の不遇な子供に尽くしたのでした。

『善意の架け橋＝ポーランド魂とやまと心』という本には、ポーランド在住の松本照男氏の証言が紹介されています。

《日本に収容されたポーランド孤児たちは、日本国民朝野を挙げて多大の関心と同情をよんだ。慰問の品を持ち寄る人々。無料で歯科治療や理髪を申し出る人たち。学生が音楽会の慰問に訪れ、婦人会や慈善協会は子供たちを慰安会に招待した。寄付金を申し出る人はあとを絶たなかった。

一九二一年四月六日には皇后陛下（貞明皇后《ていめいこうごう》）も日赤本社病院を訪問され、孤児らと親しく接見された。皇后陛下は三歳の女の子を召されて、その頭をいくども撫でながら、健やかに育つようにと、お言葉を賜《たまわ》れた。》（抜粋要約）

こうした献身的な看護によって、子供たちは次第に健康を取り戻していきました。そこで、回復した子供から順次、八回に分けて祖国ポーランドに送り届けることになったのです。

横浜港から出航する時、幼い孤児たちは泣いて乗船するのを嫌がりました。なぜでしょうか？

親身に世話をしてくれた日本人は、孤児たちにとって、すでに父となり母となっていたのです。

孤児たちは泣きながらも、見送る日本人に「アリガトウ」を繰り返しました。そして、滞在中に習い覚えたのでしょう、なんと日本の国歌「君が代」を斉唱して感謝の気持ちを表したのです。

子供たちをポーランドに送り届けた日本人船長は、毎晩、ベッドを見て回り、一人ひとりの毛布を首まで掛けては、子供たちの頭を撫でて、熱が出ていないかどうかを確かめていたといいます。

「その手の温かさを忘れない」と一人の孤児は回想しています。

◇　資料2　ここまで　◇

『日本とポーランドの歴史秘話を知って、感心したことは何ですか』

○欧米諸国が拒否する中、日本人はとても優しいと思いました。当時の日本人が、国にとって得になることがなくても手を差し伸べたのには驚きました。
○日本人の持つ温かさに感動しました。日本全体でポーランド孤児たちを支えようとする姿に心を打たれました。
○日本だけが救助して、七六五名もの孤児の命を救うことができたのはすごいと思った。日本がこんなに優しくできたことに、同じ日本人としてうれしいと思った。
○死ぬしかないといわれていた子のために、自分の命を犠牲にしてまで一緒にいた松沢フミさんはすごく立派な人だ。また、日本のすべての人々が団結して孤児を助けていた。その優しさと行動力に感動した。
○日本は孤児を救出しただけでなく、健康を取り戻させて祖国に送り返すなんて、さすがだと思った。
○損得勘定で動くのではなく、自らの意思でポーランドの子供を助けたこの頃の日本人の心に感動した。
○なぜ欧米は手を貸さなかったのか、不思議だ。日本の優しさが孤児たちに伝わってよかった。私も孤児だったら、帰りたくなかったと思う。

『では、冒頭の現代のお話に戻りましょう』

【資料3】
日本人のこうした崇高な行為に対して、フィリペックさんは「ポーランド人として、いつか恩返しをしたい」と考え続けていたといいます。

大正時代のポーランド孤児救済活動から七五年目を迎えた平成七（一九九五）年一月十七日、阪神・淡路大震災が起こりました。ポーランド政府は、ただちに日本への救援活動を開始します。さらに「絆の架け橋プログラム」を実施して日本の被災児をポーランドに招き、激励してくれたのです。

そう、その背景には、大正時代に孤児を救った日本人たちに対する感謝の気持ちが込められていたのです。

ポーランド極東委員会副会長だったヤクブケヴィッチ氏の『ポーランド国民の感激、われら日本の恩を忘れない』と題した手紙があります。そこには次のような感謝の言葉が綴《つづ》られています。

《日本は我がポーランドとは全く異なる地球の反対側に存在する国である。しかし、我が不運なるポーランドの児童にかくも深く同情を寄せ、心より憐憫《れんびん》の情を表わしてくれた以上、我々ポーランド人は肝に銘じてこの恩を忘れることはない。

我々の児童たちをしばしば見舞いに来てくれた裕福な日本人の子供が、孤児たちの服装の惨《みじ》めなのを見て、自分の着ていた最もきれいな衣服を脱いで与えようとしたり、髪に結ったリボン、櫛《くし》、飾り帯、さては指輪までも取って、ポーランドの子供たちに与えようとした。こんなことは一度や二度ではない。しばしばあった。

ポーランド国民もまた高尚《こうしょう》な国民であるがゆえに、我々はいつまでも恩を忘れない国民であることを日本人に知っていただきたい。ここに、ポーランド国民は日本に対し、最も深い尊敬、最も深い感銘、最も温かき友情、愛情を持っていることをお伝えしたい》（抜粋要約）

阪神・淡路大震災四年後のことです。ポーランドから「少年少女舞踊合唱団」が来日しました。合唱団は、八八歳の婦人サドフスキさんから、次のようなメッセージを預かっていました。
《二十世紀の初め、孤児が日本政府によって救われました。シベリアにいたポーランドの子供は、劣悪な条件にありました。その恐ろしいところから日本に連れて行き、その後、祖国に送り届けてくれました。親切にしてくれたことを忘れません。合唱団は、私たちの感謝に満ちた思いを運んでくれるでしょう。日本のみなさん、ありがとう》

「日本のみなさん　ありがとう」

80年前、シベリアから救出されたポーランド人孤児

●来日の合唱団に　メッセージ託す●

約80年前、第一次世界大戦とロシア革命という動乱の中で、日本人によってシベリアから救い出されたポーランド人元孤児の感謝のメッセージを携え、同国の少年少女舞踊合唱団「ジェチ・ブオツク少年少女舞踊合唱団」が来日中だ。東京や広島、神戸など各地を回り、コンサートや交流の場でメッセージの内容を伝えている。

第一次世界大戦（1914〜19年）中、ロシアに編入されていたポーランドから1万人を超える同国人がシベリアに追放された。さらに、ロシア革命（17年）で多くの成人が殺害され、行方不明になり、多数のポーランド人孤児が生まれた。

シベリアにいた孤児の救出は、政府や日赤が中心となって20年から22年まで3年間行われた。ポーランド側の要請で、幼児から16歳までの計765人をウラジオストクから引き取り、静養させた後、帰国させた。

合唱団は先月末、団長のスタニスワフ・フィリペック元駐日ポーランド大使館商務参事官(59)ら26人が来日した。今月2日、メンバーは東京都港区の日本赤十字本社を訪問し、元孤児、ヘンリク・サドフスキさん(88)のメッセージを披露した。

《20世紀の初め、孤児が日本政府によって救われました。シベリアにいたポーランドの子供は、さまざまな劣悪な条件にありました。その恐ろしいところから日本に連れて行き、その後、祖国に送り届けてくれました。親切にしてくれたことを忘れません》

サドフスキさんの口述を書き留めたものだ。サドフスキさんはさらに「一番大事にしている物を皇室に渡して」と当時の写真を託した。「孤児収容所を慰問した皇后陛下（貞明皇后）に抱き締めてもらったことが忘れられない」と懐かしそうに語る。

元孤児は大半が亡くなり、生存は20人前後。後にナチスから追われるユダヤ人の子供をかくまった元孤児もいるという。

《（合唱団は）私たちの感謝に満ちた思いを運んでくれるでしょう。日本のみなさん、ありがとう》

メッセージはこう結ばれ「日本人の素晴らしい行為を知ってもらうことで、これからも両国が仲良くあってほしい」とフィリペックさんは期待している。【安達　一成】

㊤日本に来たポーランド人孤児と日赤の看護婦たち。1920年代初め、敦賀市で撮影されたものらしい。この原版をサドフスキさんは皇室に贈ることにしている＝サドフスキさん提供　㊦日赤の藤森昭一社長（右）と握手する合唱団メンバー＝東京都港区の日本赤十字社で2日午後、安達一成写す

平成11年8月4日『毎日新聞』　記事：毎日新聞社提供

さらに、サドフスキさんは「一番大事にしている物を皇室に渡してほしい」と七五年間、大切に持ち続けていた当時の写真も託していました。

そして、「孤児収容所を慰問した皇后陛下に抱きしめてもらったことが忘れられない。遠い思い出の中に、孤児だった自分たちを心から慈《いつく》しんでくれた母のような貞明皇后が、今も鮮やかに目に浮かぶ」と話していたといいます。［新聞記事参照］

◇　資料3　ここまで　◇

『大正の日本人は孤児を一人も死なせませんでした。これが阪神・淡路、そして東日本大震災で、ポーランドから惜しみない援助が贈られた理由です。名も無き庶民にまで高貴な精神が宿っていたのが、大正時代の日本でした。

ヤクブケヴィッチさんが言ったように、現代日本の私たちもポーランド人や大正の日本人のように「高尚な国民」でありたいですね』

日本とポーランドの友好関係について何を感じましたか。
また、「高尚な国民」とはどのような国民でしょうか。
自分自身を振り返ってみましょう。

《授業おわり》

多くの生徒がポーランド人の恩義の深さに驚き、感激していた。しかし、その一方で現代日本の存在感の薄さを嘆く生徒も多かった。

「自分ならどうするだろうか」「自分だったらこんなに尽くせるだろうか」と自己を見つめ、国際親善のあり方を模索した授業であった。以下、生徒の感想である。

○日本人の心は、やっぱりきれいだなと思った。「物やお金のつながり」より「心のつながり」を大切にする心を持ちたいです。
○孤児を助けた日本人もすごいと思いましたが、阪神淡路と東北の大震災の時、恩を返そうとしたポーランド人もまたすごいと思いました。今度、ポーランドで何かあった時は、この恩を忘れずに、自分たちにできることはないか、考えて行動したいです。
○日本人の優しさ、そして、その恩を当然のように返したポーランドもいい国だと思った。高尚な国民とは、日本やポーランドの国民なんじゃないかな。もし私が他国から助けを求められたら、当然のように助けたいと思う。
○七五年たったにも関わらず恩返しをしたポーランドの人々も素晴らしいと思いました。それだけ日本からの助けがポーランドの人々に大きな力をもたらしたんだなぁと実感しました。また、ポーランドが何かあった時、日本が恩返しするような、互いに感謝しあうような関係が築けたら素敵だなと思いました。
○私も「高尚な国民」になれるように、困っている人がいたら助け、自分が助けられたらきちんと恩返しをするということを忘れずに生活していきたいと思う。
○自分が「高尚な国民」になるにはどうすればよいか？　どんな状態にあっても揺るがない友情や尊敬を持つ。人から受けた恩を忘れずに返す。そうすれば、「高尚な国民」に近づけると思いました。
○国どうしの助け合いは素晴らしいことだと思った。いつまでも優しい心を持った国民のことを「高尚な国民」というのかと思った。

■参考文献・資料

・『歴史の「いのち」』占部賢史（モラロジー研究所）
・『善意の架け橋＝ポーランド魂とやまと心』松本照男（文芸春秋）
・【国際派日本人養成講座】「地球史探訪：大和心とポーランド魂」
http://www2s.biglobe.ne.jp/~nippon/jogindex.htm

3 「エルトゥールル号事件」感謝の心

国民の九割近くが「最も好きな外国」として日本を選ぶという自他共に認める親日国トルコ。日本とトルコの深い絆の淵源は、明治二三（一八九〇）年に起きた「エルトゥールル号事件」にある。明治日本人の義挙とトルコ人の友誼《ゆうぎ》の厚さを通して、感謝の心を育てる授業である。

《授業はじめ》

『あなたが他人に感謝したことを思い出してください』


「部活動に入部した時に先輩にお世話になった」

「いろいろなことをやってくれているお母さんに感謝」

「誕生日プレゼントをもらった時」

「試合でミスした時、周りがカバーしてくれた」

「自分が困っている時に話を聞いてくれた。慰めてくれたり、いろいろと考えてくれた」

「忘れ物をした時、友達が貸してくれた」

『その時、あなたは素直に感謝の気持ちを表したり、恩返しをしましたか』

「お礼は言えたが恩返しはできなかった」
「母の日やその場でありがとうと言っている」
「感謝したこともあるけど、しなかったこともあったなぁ」

速やかに授業を展開しよう。
まずはイランの地図を提示し、首都テヘランの位置を確認する。
続いて「イラク」「トルコ」の位置も確認しておこう。

【資料1】
一九八〇年、国境紛争が続いていたイランとイラクの間で戦争が始まりました。イラン・イラク戦争です。この頃、イランの首都テヘランには世界の先進国が出資した会社が二百二十社以上ありました。もちろん日本の会社も多く、家族と一緒にテヘランで生活している日本人も大勢いました。一九八五年になると、テヘ

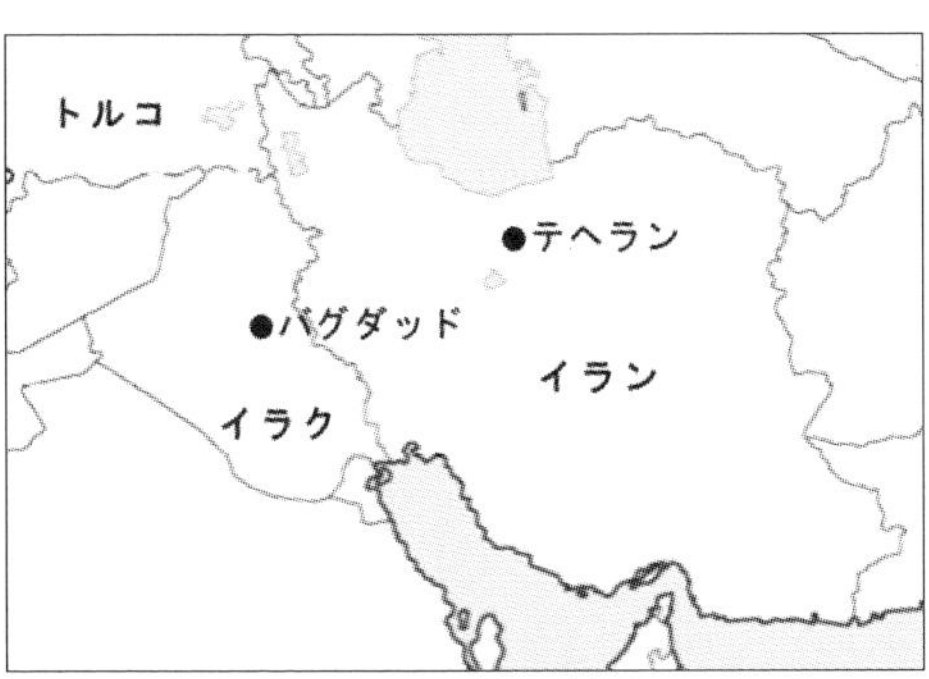

イラン周辺の地図

ランの北部がイラク機の爆撃にさらされるようになり、不安が広がっていました。

そして三月十八日、イラクのサダム・フセイン大統領は驚くべき声明を出しました。

「イランの上空は航行禁止区域とする。三月二十日午前二時以降、イラン上空を航行するすべての航空機は攻撃対象になる」

テヘラン上空を航行する航空機は、この四十時間後から、どこの国のものであろうと撃墜するというのです。

この時点で、テヘランに在住する日本人は、およそ五百人もいました。現地の日本人は、あわててテヘラン空港に向かいました。

日本の外務省もただちに引き揚げ用のチャーター機の手配に入りました。しかし、この時、イラン側がイラクの首都バグダッドにミサイル攻撃を始めてしまったのです。事態はますます悪化するばかり。世界各国は自国民を救出するために続々と救援機を出しました。どれも満席で、日本人を乗せてくれる航空機などはありません。どの国も当然、自国の国民を優先して乗せるからです。藁《わら》にもすがる思いで予約した日本人もいましたが、結局、すべてはじき出されてしまいました。

タイムリミット前日の十九日には、多くの便が軒並み欠航です。「日本航空」は救援のための旅客機を成田空港に準備しました。ところが、日本の外務省とイランの日本大使館や在留日本人会との打ち合せが遅れ、タイムリミット前の救出に間に合わなくなってしまいました。結

イラクの指導者・サダム＝フセイン
写真：AP/アフロ

局、日本航空は「帰る際の安全が保証されない」という理由で、テヘランに飛ぶのを断りました。日本政府の危機管理が甘く、すばやい決定と対処ができなかったのです。空港にいた日本人は絶望でパニックに陥りました。

テヘランの日本人は、どうなってしまうのでしょうか。制限時間が残り一時間五十分と迫り、もはや日本人全員がテヘランに取り残されるのかと思われた土壇場《どたんば》です。颯爽《さっそう》とテヘラン空港へ乗り入れる一機の旅客機がありました。これこそ日本人たちを救助に来た旅客機だったのです！

◇　資料1　ここまで　◇

『タイムリミットぎりぎりのところで日本人を救出しに来てくれたのは、どこの航空機だったでしょうか』

1. 当然、日本の航空機
2. 同盟国アメリカの航空機
3. その他

生徒の予想は「2．アメリカ」が圧倒的に多かった。良し悪しは別にして、中学生にとってもアメリカは頼りがいのある国として信頼度が高かった。

『正解を資料から読み取ろう』

【資料2】

テヘランには三百人以上の日本人が取り残され、孤立無援の状態でした。制限時間まで残り一時間五十分。もはや日本人全員がテヘラン空港に取り残されようとしたとき、一機の旅客機が飛来し、日本人を搭乗させて飛び立っていったのです。まさに間一髪。その旅客機こそ「トルコ航空機」でした。

トルコ航空機は二便も用意され、日本人はタイムリミットぎりぎりでテヘランから脱出することができたのです。それは、何とイラク軍の攻撃開始わずか一時間前でした。トルコ航空のパイロットと搭乗員は全員、「死」を覚悟してトルコを飛び立ったといいます。

トルコ航空機
写真提供：ターキッシュ エアラインズ

それにしてもなぜトルコが日本人を助けてくれたのでしょうか？　しかも命懸けで……。
当時、「朝日新聞」はトルコが日本人を助けた理由を次のように書きました。
《日本がこのところ、対トルコ経済援助を強化しているから……》
要するに日本がトルコにたくさんお金をあげているから助けてくれたのだ、と解説しました。

◇　資料2　ここまで　◇

生徒に感想を求めると、日本人が無事に救出されたことに安堵《あんど》の声が上がる一方で、救出の理由について「何だ、結局は金かぁ」との発言もあった。

さて、ここで知られざる歴史の真実から救出劇の真相に迫らなければなるまい。


【資料3】

トルコ航空機による日本人救出について、元駐日トルコ大使バシュクット氏は、次のように述べました。

「特別機を派遣した理由の一つがトルコ人の感情でした。その原点となったのは、一八九〇年のエルトゥールル号事件です」

エルトゥールル号事件。話は、遠く明治二三（一八九〇）年にさかのぼります。

トルコの使節団がエルトゥールル号という軍艦で日本を訪れました。日本で友好を深めた後、九月一四日、トルコに戻るため横浜を出港しました。しかし、不幸にも台風が直撃し、トルコ使節団六六〇名を乗せたまま、和歌山県大島付近で沈没してしまったのです。

当時の記録にはこうあります。

「直《じか》に現場に至り視るに、船体の破片、宛《あたか》も山をなし、海面死体の激浪《げきろう》の中に浮沈しあるを以《もっ》て、直に人夫を出して負傷者を担架《たんか》、寺院に移さしめ…」

それはもうたいへん悲惨な有り様でした。深夜で暴風雨でしたが、事態を知った大島の島民たちはひるむことなく救助に立ち向かいました。

「『まず生きた人を救え！』。海水で血を洗い、兵児帯《へこおび》で包帯をし、泣く者、わめく者を背負って二百尺（約六十m）の崖《がけ》をよぢ《ジ》のぼるものは無我夢中である」

暴風雨のために火もおこせないので、島民はトルコ人を腕に抱いて温め、介抱したといいます。村人たちは台風で漁ができず、自分たちの食べ物さえ事欠く

状況だったにもかかわらず、非常用に飼っていた鶏までトルコ人に食べさせて介護しました。この懸命な努力により六九名のトルコ人の生命が救われました。その後、島民百数十人の懸命な捜索により二一九名の遺体を収容しましたが、残り三六二名はついに発見できませんでした。遺体は、島民たちによって丁重に埋葬されました。

このエルトゥールル号遭難の知らせは和歌山県知事に伝えられ、明治天皇に言上《ごんじょう》されました。明治天皇はただちに医師と看護婦を派遣し、生存者全員を軍艦「比叡」と「金剛」に乗せてトルコに送還させました。

また、日本全国から義援金が寄せられ、トルコの遺族に届けられました。この義援金をトルコまで持参したのが、山田寅次郎という人です。寅次郎はトルコ側の要請で、そのままトルコに留まり、日本語を教えながら日本とトルコの友好親善に尽くしています。この時の教え子の中に、後にトルコ共和国初代大統領となるケマル・パシャもいました。

◇　資料3　ここまで　◇

『資料を読んで、何を感じましたか。疑問に思ったことはありますか』

○大島島民が自分の食べ物さえなくなってしまうかもしれないのに、トルコ人を助けようとしたことに感動しました。

○迷わないで行動した島民。そこがすごいです。今の日本はどうなのかな。暴風雨の中、ひるむことなく救助した日本人はすごいと思った。
○台風の中、言葉も通じないトルコ人をすぐに救助できるというのは、すごいなと思いました。昔の人は何でそんなに勇気があったのかな。

『一〇〇年も前のエルトゥールル号事件が、今の日本とトルコの間にどのような影響を与えているのか、もっと詳しく見ていきましょう』

【資料４】
遭難現場付近の串本町南紀大島の岬と地中海に面するトルコ南岸の両方に、同じ形の慰霊碑が建てられています（次ページ写真）。串本町では、五年に一回、駐日トルコ大使館との共催でエルトゥールル号の「殉難将士慰霊祭」が行われています。

さて、冒頭のイランにおけるトルコ航空機による日本人救出劇のお話に戻りましょう。

駐日トルコ大使のウトカン氏は次のように述べています。

「悲劇ではありましたが、エルトゥールル号事件は日本との民間レベルの友好関係の始まりでもあります。この時、乗組員中六〇〇人近くが死亡しました。しかし、約七十人は地元民に救助されました。手厚い看護を受け、その後、日本の船で無事トルコに帰国しています。エル

串本町の殉難将士慰霊碑　写真提供：串本町観光協会

トゥールル号遭難はトルコの歴史教科書にも掲載され、私も幼いころに学校で学びました。トルコでは子供でさえ知らない者はいないほど歴史上重要な出来事です。（中略）エルトゥールル号の事故に際して、日本人がしてくださった献身的な救助活動を、今もトルコ人たちは忘れていません。今の日本人が知らないだけです。それで、テヘランで困っている日本人を助けようとトルコ航空機が飛んだのです」

トルコ国内の世論調査では、日本が常に「好きな国」のトップにランクされます。その背景には日露戦争で我が国が、トルコの宿敵・ロシアを破って勝利したこと。また、大東亜戦争（太平洋戦争）で敗戦国となった日本が、わずか三十年足らずで経済大国に復興し、発展したことへの敬意などがあります。子供や

2002年の日韓サッカーW杯。トルコ人サポーターと日本人サポーター=宮城スタジアム　写真提供：共同通信社

孫に「トーゴー（東郷平八郎）」「ノギ（乃木希典）」の名前をつけ、イスタンブールには「トーゴー通り」があります。また、サッカーのワールドカップでは、「日の丸」を振っているトルコ人サポーターも数多くいました。

戦時下でのトルコ航空機による日本人救出劇。なぜトルコは、自らを危険にさらす行為をあえて実行したのか…。その背景には両国の絆を揺るぎないものにしたエルトゥールル号遭難事件という歴史的事件があったのです。

私たちの先人が、命懸けで成し遂げた行為が、一〇〇年の歳月をこえて同胞を救ったのですね。

◇　資料4　ここまで　◇

誠実にトルコ人を救助した日本と一〇〇年前の恩を忘れないトルコ。
この両国の絆からどんな気付きがありましたか。
また、今日学んだことは今の自分に照らしてどうですか。

《授業おわり》

感動の秘話を学んだ生徒たちの感想を紹介する。

○トルコの人はいい人たちだ。普段トルコのことを考えたりしなかったけど、日本とトルコには、こんなにすごい話があったということを忘れないようにしたい。これから困っている人がいたら助けよう。一回、一回気持ちを込めて「ありがとう」と言うようにしよう。

○人を助けたら感謝され、恩返しされる。当たり前のようであんがいできない。そこがすごい。

○自分が人に感謝してもらえるようなことをすれば、自分が本当に困った時に助けてもらえるということに気付くことができました。私も日本人に限らず、多くの人々の役に立つことができるような人間になりたいです。

○エルトゥールル号事件を初めて知りました。国の違いなんて関係なく、人と人とは助け合って生きているんだなと感じました。困っている人がいたら助けるということが自然にできたらいいな、と思いました。
○今の日本人は感謝の気持ちを忘れてしまっているところがあるように思う。自分もそういうことがある。トルコの人たちを見習っていきたい。
○感謝の気持ちは言葉だけじゃなくて、行動に表した方が絶対にいい。これは大事だ。
○今の日本人がエルトゥールル号事件を忘れているのが悲しい。日本人はこのような感謝の心や思いやりの精神を、また身に付けていった方がよい。
○トルコ人は忘れていないけど、価値観の違いなのかな？　予想だけど、昔の日本人は「こんな当たり前のこと、教科書に載せるまでもない」って思ったんだろうな。
○百年前の恩を忘れないで助けてくれるなんて、トルコ人はすごいと思った。トルコのことは全然知らなかったけど、トルコ人が好きになった。それにしても今の日本は情けない。
○朝日新聞のところを読んで、「また金かよ！」と思った。でも真実は違った。すごいことがあったことを知った。日本人みんなが知らなければいけないと思った。
○私の尊敬する人は昔の日本人ですね。この話のような関係がすべての国で築けた時、世界平和が訪れるのではないでしょうか。
○最初、なんでトルコなの？って思った。昔の日本人は素晴らしい人がたくさんいたんだ。私も見習って生きていきたい。

○感動した。日本もトルコもすごいことをした。国どうしの交流はこうじゃなくちゃいけないと思った。今度は日本がお返しする番だ。

■参考文献

・『歴史の「いのち」』占部賢志（モラロジー研究所）
・『友情　世紀をこえたきずな〜ある遭難事故から』今長谷照子（福岡県篠栗町）
・『東の太陽、西の新月　日本・トルコ友好秘話「エルトゥールル号」事件』山田邦紀、坂本俊夫（現代書館）
・『トルコ軍艦エルトゥールル号の遭難』森　修編著（日本トルコ協会）
・DVD『知られざる日本・トルコ交流史 エルトゥールル号事件の顛末』（明成社）

4 「ペリリュー島の戦い」崇高な精神

《授業はじめ》

パラオ諸島の地図

ペリリューの観光名所ロックアイランド

冒頭の地図を提示し、「パラオ共和国」の紹介から授業をはじめる。パラオは日本のほぼ真南に三二〇〇キロ、グアム経由で約八時間かかる南洋の島国である。有名な景勝地ロックアイランドの写真を見せて、その印象を訊くと、

「自然が美しい。海がきれい」「変な形の島だ」「一年中暖かそうな国。緑が多く、自然に囲まれていて良い環境だ」との答え。

その他、ジャングルや海中の熱帯魚の群れ、現地住民の生活、平成二七年四月の天皇皇后両陛下のご巡幸の様子などを見せ、関心を高めさせる。

本授業は、大東亜戦争（太平洋戦争）中にパラオ諸島の南端「ペリリュー島」で起きた出来事を題材にする。その感動の秘話を紐解いていこう。

【資料1】

遠い南の島パラオには、日本語の達者なお年寄りがいます。日本の歌も上手に歌います。あるお年寄りは沖の島を指差し、「兵隊さんたちは、みんなあそこで死んでいったんじゃよ」とつぶやきました。今から七十年以上前の大東亜戦争の時、この人は村の若者たちと日本軍の陣地作りに参加しました。当時、パラオは日本の統治下にあったからです。やがて、数百倍の戦力を持つアメリカ軍が押し寄せ、激闘の末、日本軍は全員が玉砕《ぎょくさい》（全滅）しました。

◇

1920年代のパラオの町並み
写真：グアム新報社『南洋群島写真帖―昔の micronesia』より

パラオ諸島は最初はスペイン、次いでドイツの植民地でした。第一次世界大戦（一九一四年）が始まると、日本はドイツに宣戦布告し、パラオのドイツ守備隊を降伏させます。戦後、国際連盟はパラオを日本の委任統治領として面倒を見させることにしました。

当時のパラオ先住民の人口は約六千人。スペイン統治前の十分の一になっていたといいます。いかに白人の植民地政策がひどいものだったかわかるでしょう。

日本は、パラオに南洋庁を置き、稲作や野菜、くだものの栽培を伝えました。また、缶詰やビールなどの工場を建設。道路を造り、橋を架け、電話をひき、学校、病院をつくるなど、数々のインフラを整備しました。パラオ人は文字を持っていなかったので、小学校では日本の教科書を使って日本語教育をしました。パラオの子供たちは、小学一年生で九九を暗唱できたといいます。日本教育を経験した人は「学校の厳しいしつけが人生に役立った」と言っています。

一九四一（昭和十六）年、日米戦争が始まりました。パラオのペリリュー島は日本にとって、グアムやサイパンの後方支援基地です。また、日本本土の防衛圏としても重要な拠点でした。一方、アメリカ軍にとっては、フィリピン奪回の最大の障害がペリリュー島の日本軍基地だったのです。

歩兵第2連隊長中川州男大佐

ペリリュー島守備隊長中川州男大佐
写真：『やすくにの祈り　目で見る明治・大正・昭和・平成』靖国神社やすくにの祈り編集委員会（産経新聞ニュースサービス）143頁より転載

アメリカ太平洋艦隊は、ニミッツ提督の指揮のもと、ペリリュー島の攻略に乗り出しました。この時、ペリリュー島の住民は約九〇〇人。米軍が迫りくることを知った住民たちは話し合いました。彼らは、白人統治の時代と日本統治の時代の両方とも経験しています。日本兵と仲良くなって、陣地作りでともに汗を流し、日本の歌を一緒に歌って交流を深めていた住民たち。彼らの決断は…、「大人も子供も、力を合わせて日本軍とともに戦おう！」でした。

いつも優しく自分たちの面倒を見てくれた隊長なら、自分たちの頼みをきいてくれるに違いない。きっと一緒に戦うことを許してくれる…。

意を決した住民の代表たちは、ペリリュー島守備隊長の**中川州男**《くにお》大佐をたずねました。そして、中川隊長に「自分たちも一緒に戦わせてほしい！」と申し出ます。

それを聞いた中川隊長は、驚くような大声をあげて答えました。それは、

「大日本帝国の軍人が、貴様ら土人と一緒に戦えるかっ！」

住民たちは驚きました。

「日本人は…、仲間だと信じていたのに、見せかけだったのか…」

◇　資料1　ここまで◇

中川隊長の発言をどう思いましたか。

○これはインパクトが大だろう。戦力になろうとしているのにひどい。
○いきなり、ひどい言葉だと思った。
○いったい、どうしたの!?　ってかんじ。嘘かな。
○ひどい言い方だけど、危険なので住民を戦わせないために言った言葉だと思う。
○一度聞いただけではわからないが、よく考えると住民たちのことを思って何か深い意味があ

るのではないか。

『果たして、中川隊長の真意は何だろうか!?』

【資料2】

「帝国軍人が、貴様ら土人と一緒に戦えるかっ！」という中川隊長の暴言。

住民たちは、仲間だと信じていた日本人に裏切られた思いで悔し涙が流れました。

全住民がパラオ本島に避難することに決定し、ペリリュー島を去る日がきました。

しかし、港に見送りの日本兵の姿は一人もありませんでした。住民たちは、がっかりして船に乗り込んでいきます。そして、出港の合図が鳴り、船が岸辺を離れました。

すると、次の瞬間です。ペリリュー島に残る日本兵の全員が、ジャングルの中から浜に走り出てきました。そして、住民たちと一緒に歌った日本の歌を大声で歌いながら、ちぎれるほど手を振って見送っているではありませんか。ともに過ごしてきた兵隊さんの顔、顔、顔…。なんと、先頭には笑顔で手を振る中川隊長の姿。

その時、船上の住民たちはすべてを理解しました。

「日本の兵隊さんたちは、我々の命を助けるために、あんな態度をとったのだ」と。

遠く岸辺に見える日本兵に向かって、住民たちも、ちぎれんばかりに手を振り続けました。

誰もが泣いていました。

◇　資料2　ここまで　◇

日本兵の気持ち、島民の気持ちを想像してみましょう。

○みんなが「ありがとう、お互いに頑張ろう」って思ってた。
○日本兵は本当に島民たちを死なせたくなかったんだなぁと思った。
○住民を死なせないためには、これが最善の選択だ。
○島民は、やっぱり日本兵は私たちの仲間だったんだと思っただろう。島民は感謝したと思います。
○島民にとっては、とても嬉しくて、とても辛かったのではないかと。日本兵もきっと辛かったんじゃないでしょうか。お互いに。他人を思いやることって、美しいです。

『このあと、日本軍はアメリカ軍と壮絶な戦いを迎えることになります』

【資料3】

一九四四年九月十二日、ペリリュー島の戦いが始まりました。

「日本軍一万人」対「米軍四万八〇〇〇人」。

米軍の持つ火力は日本軍の数百倍です。まずは猛烈な爆撃と沖合からの艦砲射撃を日本軍に浴びせます。その砲弾は、何と十七万発・四〇〇〇トンに達し、ジャングルは完全に焼き払われました。一人の日本兵を倒すのに一五八九発の砲弾を使用した計算になるそうです。

九月十五日、「三日で占領する」と豪語した米軍海兵隊二万八〇〇〇名が上陸を開始しました。対する日本軍は、どうしていたのでしょうか？　実は、地下深く掘った壕の中で、米軍の上陸を待ち構えていたのです。自在に往き来できるようにトンネルでつないだ地下壕や洞穴は、何と五〇〇ヶ所以上。一人用の壕「タコツボ」も無数に掘り、ペリリュー全島を要塞化していたのです。中川隊長の統率はみごとでした。

米軍上陸直後の水際における戦闘は壮絶でした。米軍の第一次上陸部隊は大損害を受け、退却を余儀なくされるほどでした。

十月三十日、米軍第一海兵師団が全滅。主力部隊の損失率が四～六割を超え、「戦闘能力喪失」で差し替えが続きます。とうとう米軍はその上陸作戦史上、最大の損害を出してしまいました。

三日で占領するはずだった戦いは、七十日も続く激戦になりました。その間、日本軍には補給が一切ありませんので、徐々に劣勢に陥っていきました。米軍の火炎放射器と手榴弾によって、日本軍の洞穴陣地は次々と落ちていき、ついに食料も水もなくなりました。

十一月二四日、日本軍は弾薬・兵力ともに尽き、中川隊長は玉砕を決意して自決。享年四七でした。

残存兵力わずか五五名による最後の総攻撃に際して、ペリリュー島から日本本土に向けて電文が送られました。その言葉は「サクラ サクラ」。

ペリリュー島守備隊全員が、桜花のごとく散ったことを遠い本国に知らせたのでした。

こうして十一月二七日、ついにペリリュー島は米軍に占領されました。

アメリカ軍の司令長官ニミッツは、命を捧げて愛する祖国を守ろうとした日本兵に強く心を打たれ、ペリリュー島守備隊の勇戦を讃えて、次の詩を作っています。

この島を訪れるもろもろの国の旅人たちよ
故郷に帰ったら伝えてくれよ
日本軍人が全員玉砕して果てた
この壮絶極まる勇気と祖国を想う心根《こころね》を

ペリリュー島の戦いでの犠牲者数は以下の通りです。

日本軍　戦死者　一万六九五名
米　軍　死傷者　一万七八六名
（戦死者二三三六名、負傷者八四五〇名）
島の住民　死者・負傷者　〇《ゼロ》名

ペリリュー島の戦いは、住民に一人の犠牲者も出さなかったことで知られています。
終戦後、パラオはアメリカに統治されました。

それからおよそ五十年後の一九九三年、ついにパラオは独立を果たします。そこで、国旗を制定するために国民からデザインを募集しました。その結果、日の丸とよく似た今のデザインが採用されました。周囲の青は太平洋の海の色。真ん中の黄色い円は満月を表しています。

ところで、なぜ、パラオ国旗は日の丸に似ているのでしょうか。

国旗の制定について、パラオ共和国のある要人は、次のように説明しています。

《私たちは国旗の選択にあたり、相当苦心しました。応募者はことごとく各島の人々でしょう。それぞれの旗にパラオの歴史と伝統が現れていました。

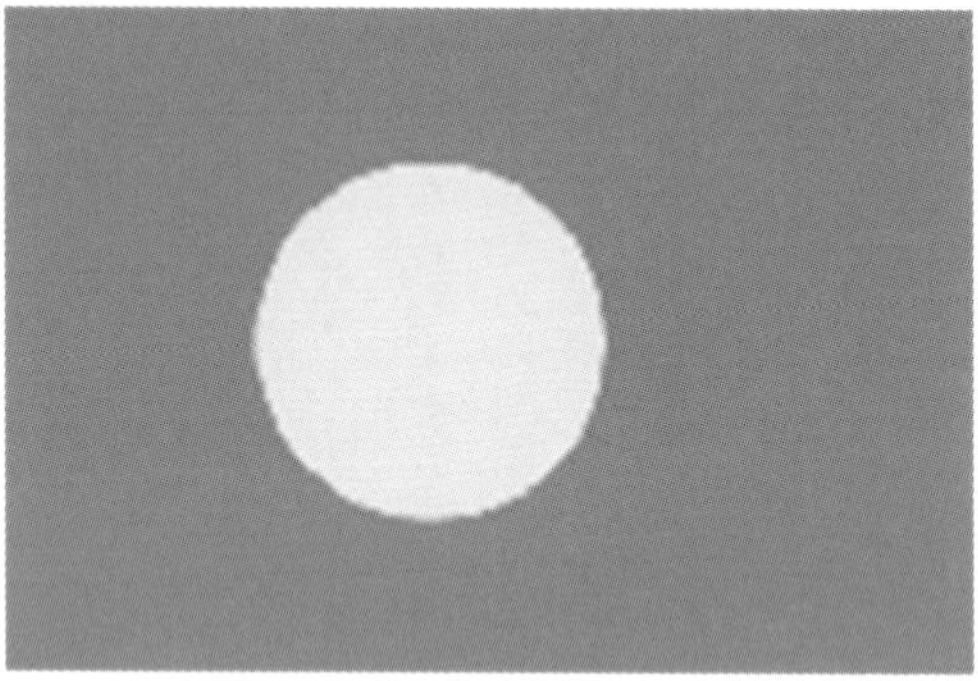

パラオ共和国国旗

だから、選考委員は真剣でした。選考に日数をかけました。でも、この旗に決まったのは、日本の国旗に一番似ておりましたので、最大の人気が集まったからです。日の丸のところを黄色一色にしたのは月を表し、他の縁は海なのです。

　この旗の持つ心を申し上げましょう。月は太陽が出ませんと輝くことはできません。つまり月は太陽によって支えられ、月としての生命を持ちます。

　太陽とは、率直に申し上げれば日本国なのです。海に囲まれたパラオという国は、日本の太陽の反射によって輝かねば生きられないのです。

　我々はまた、戦争中に日の丸を抱えて強力な米軍と交戦した日本軍将兵の勇敢さと純粋さに、大いなる魅力と尊敬を捧げておるのです。

　英霊は私たちに、勇気と国を想う心があれば、アメリカよりも強くなれることを教えて死んだのです。そのことも、この国旗は我々に教えているのです。》

（「ペリリュー神社再建由来記」より要約）

◇　資料3　ここまで　◇

『パラオの国旗は日本とパラオの深い友好関係を示していることがわかりますね。ところで、パラオ国旗をよく見てください。この満月は、「日の丸」と違って、中心から少し左にズレています。なぜでしょうか。

風にはためいた時、月の丸がちょうど中心に見えるからなのです。でもね、「日本に失礼だから」とわざと中心をはずしたのだと言う人もいるそうです。パラオの人々の奥ゆかしさが伝わってきますね』

《授業おわり》

パラオ人が日本に寄せる感情は歴史が培ったものである。このような史実を、日本人はあまり知らない。パラオ人とのギャップは甚だしい。日本兵が取った行動を我が身に振り変えて考えてもらいたいと思う。今回の話から中学生は何を学んだか、感想である。

○良い話だ。やっぱり昔の日本人は、今の日本人と全然違うと思った。強い想いは力になるんだなぁと思った。

○島民との話も良かったけれど、日本軍の戦いぶりに感心した。日本人は頭を使って戦ったからこんなにすごい戦いができたのだと思う。日本軍に補給があれば勝てたと思う。
○日本兵が住民を助けて、死者が○名なのはすごいなぁと思いました。アメリカが日本兵の戦いをたたえていることには驚きました。パラオの国旗の話には、感動しました。
○パラオの国旗から、日本軍人への感謝の気持ちが伝わってきた。パラオの人たちは、日本のことを思っているのに、日本人はパラオのことを全然知らないのは、悲しいなと思いました。
○この話を知らない人はとても多いんじゃないかと。もったいない。僕も、誰かにありがたがってもらえるように頑張りたい。
○中川隊長はいきなり大声で怒鳴るほど、島の人たちの命を一番に考えていたんでしょう。こんなこと言ったら島の人たちに何て思われてしまうか、なんてどうだってよかったんだと思います。自分も人のために何かできる人になれたらいいなと思いました。

■参考文献

・『サクラサクラ—ペリリュー島洞窟戦』船坂弘（毎日ノンフィクション）
・『ペリリュー島玉砕戦—南海の小島七十日の血戦』船坂弘（光人社ＮＦ文庫）
・『ペリリュー神社再建由来記』滑川裕二（ペリリュー神社奉賛会事務局）
・ブログ　ねずさんのひとりごと「パラオ・ペリリュー島の戦い」
http://nezu621.blog7.fc2.com/blog-entry-525.html

5「焼き場の少年・一片のパン」人間の気高さ

本授業は、終戦直後の日本に占領軍の一員として日本に滞在したアメリカ人が見た日本人の生きる姿を通して、「日本人の心」を学ぶ。

「焼き場に立つ少年」1945年　長崎　Ⓒ Joe O'Donnell

《授業はじめ》

冒頭で「幼児を背負った少年」の写真を提示し、注目させる。

『この写真は、日本が大東亜戦争（太平洋戦争）に敗れ、連合国に占領された昭和二十（一九四五）年に写されたものです。次の四点に注目して、写真から気がついたことは何ですか』

①少年の顔つきは？

「キリッとして賢そうな顔をしています」「険しい表情だ」「歯を食いしばっている」「少年はとても悲しそうな顔をしている」「思い詰めた表情である」

②少年の服装は？

「服がボロボロ。寒そうだ」「裸足。手足が黒い。汚れているのか？」

③少年の姿勢は？

「少年は気を付けをしていて姿勢がいい」「ピシッとしている」

④おんぶされている幼児の様子は？

「幼児は…、寝てる？」「赤ちゃんは、あれじゃあ頭に血がのぼってしまう」「赤ちゃんは眠っているけど、弱々しい」「食べ物がなさそうで、ぐったりして死にそうな状態」「死んでいるように見える」

『少年は、どんな気持ちで立っているのだと思いますか』

「すごく悲しい思いで立っていると思います」「アメリカ兵が憎い」「負けて悔しい」「何かと戦っているみたいだ」「早く自由にならないかな…」「悲しさを押し込めて立っている」「何でこんなことになったのだろう？　と思っている」

『この写真は、終戦直後の長崎県で撮られたものです。ということは、原爆が投下された直後なわけです。撮影したのは、ジョー・オダネルというアメリカ軍のカメラマンです。オダネルさんは、十九歳の時にアメリカ海軍軍人として大東亜戦争に参戦しました。

日本軍による真珠湾攻撃を知って、敵国日本に敵愾心《てきがいしん》を燃やしていた青年でした。オダネルさんは日本の敗戦とアメリカの勝利を太平洋の洋上で聞きました。

「ざまあみろ、ジャップめ！　ようやくこれでアメリカに帰ることができる！」と、そう思っていた矢先、彼は敗戦直後の日本の調査を命じられました。

敗戦後の日本で彼ら一行が見たものは、自分たちが想像していたような日本人たちではありませんでした。

少年の写真をよく見て下さい。少年の足元に「ひも」のようなものが見えます。その前では原爆によって殺された人々の遺体が焼かれているのです。この少年は遺体を焼く「焼き場」の前に立っているのです。

この時の様子をオダネルさんは次のように言っています』

【資料1】

長崎に入った私は、小高い丘の上から下を眺めていました。すると白いマスクをかけた男たちが目につきました。男たちは五十センチほどの深さに掘った大きな穴のそばで作業をしていました。荷車に山積みにした死体を石炭の燃える穴の中に次々と投げ入れていたのです。十歳くらいの少年が歩いてくるのが目にとまりました。おんぶひもをたすきに掛けて、幼子《おさなご》を背中にしょっています。弟や妹をおんぶしたまま、広っぱで遊んでいる子供の姿は当時の日本でよく目にする光景でした。

しかし、この少年の様子ははっきりと違っています。重大な目的を持ってこの焼き場にやって来たという強い意志が感じられました。しかも足ははだしです。少年は焼き場のふちまで来ると、硬い表情で目を凝らして立ち尽くしています。背中の赤ん坊はぐっすり眠っているのか、首を後ろにのけぞらせたままです。

少年は焼き場のふちに、五分か十分も立っていたでしょうか。白いマスクの男たちが静かに近づき、ゆっくりとおんぶひもを解き始めました。この時、私は背中の幼子が既に死んでいることに初めて気づいたのです。男たちは幼子の手と足を持つとゆっくりほうむろうとするように、焼き場の熱い灰の上に横たえました。

まず幼い肉体が火に溶けるジューという音がしました。それからまばゆいほどの炎がさっと舞い立ちました。真っ赤な夕日のような炎は、直立不動の少年のまだあどけないほおを赤く照らしました。

その時です。炎を食い入るように見つめる少年の唇に血がにじんでいるのに気がついたのは。少年があまりきつくかみしめているため、唇の血は流れることもなく、ただその下唇に赤くにじんでいました。

夕日のような炎が静まると、少年はくるりと焼き場に背を向けて、沈黙のまま去っていきました。

(写真が語る二十世紀『目撃者』展 図録より要約
©朝日新聞社 一九九九年 インタビュー・上田勢子)

◇ 資料1 ここまで ◇

『この写真は、戦争で死んでしまった弟をたった一人で焼き場に火葬しに来た少年の写真だったのです。一人で来たということは、もしかするとこの子は両親も失って、弟を最後まで自分一人で守ってきたのかもしれませんね。

もう一度、良く写真を見てご覧なさい。こんな状況で、これほど素晴らしい姿勢で気を付けをできる子供が今の日本にいるでしょうか。感想をどうぞ』

○読んでいて胸の奥が締め付けられるようだった。
○まだ小さいのに一人になってしまって、かわいそうだ。
○戦争では、この少年のような人がたくさん出る。もしこれが僕だったらと考えるととても怖い。
○見た目ではキリッとしてしっかりしているけど、心の中では悲しかったのだろう。
○何て言ってよいかわかりません、この少年の気持ちは…。すごくつらい、でも必死で生きてる…って感じです。
○家族が死んでしまっても、まっすぐ立っていられるなんて、すごい子だと思いました。最後も、後ろを振り返らずにピシッとして帰って行くのもすごいです。

敗戦と飢餓の苦しみ中で、当時の日本人はアメリカ人にどんな態度をとったと思いますか。

○アメリカ人を殺してやりたいなど、すごく恨んでいたと思う。
○軽蔑していたと思う。
○怒った態度と悲しみの表情。私なら怒りの態度をとる。
○言うことを聞かずに反抗的な態度をとった。
○従わないで常に反発したんじゃないか。そういうイメージしかわかない。自分だったら確実に恨んでいる。
○死んだ家族を返して欲しい、と泣いて叫んでいた。
○心の中では「ムカツク」って思っているが、態度では従ったのではないか。
○無視すると思う。関わらないように避ける。
○普段と変わらない態度ではないか。

『では、実際の日本人はどのような態度でアメリカ人に接していたのでしょうか。引き続きオダネルさんの話から確認しましょう』

【資料2】

あの少年はどこへ行き、どうして生きていくのでしょうか。この少年が死んでしまった弟をつれて焼き場にやってきたとき、私は初めて軍隊の影響がこんな幼い子供にまで及んでいることを知りました。

アメリカの少年はとてもこんなことはできないでしょう。直立不動の姿勢で、何の感情も見せず、涙も流しませんでした。そばに行ってなぐさめてやりたいと思いましたが、それもできませんでした。もし私がそうすれば、彼の苦痛と悲しみを必死でこらえている力をくずしてしまうでしょう。私はなす術《すべ》もなく、立ちつくしていました。

（『トランクの中の日本』より要約）

私は言葉さえかけることのできなかったこの少年が気になって仕方がありませんでした。自分で慌てて着たようなしわしわの服、はだしの足、おんぶひももよじれてかかっていました。もしかしたら家族をみんななくしてしまったのかもしれない。服を着せてくれるお母さんはもういないのか、家はあるのだろうか、考えれば考えるほど気になります。

そこで私は日本の新聞にこの写真を載せてもらいました。「どなたかこの少年を知りませんか？」という問いかけを添えて知り合いに頼んで何度も載せてもらいました。でも、なんにも反応はありませんでした。私にこれほどの衝撃を与えたこの少年は、たった一枚の写真を残していなくなってしまったのです。

長崎に三か月滞在し、それから広島に行きました。そこでも悲惨な写真をたくさん撮りました。

日本に行くまで、私は日本人を見たことがありませんでした。終戦直後、日本に初めて行った私は、日本人の丁寧さにただただ驚きました。大変な時に、これほど礼儀正しい国民がいるでしょうか！

戦争は二度と繰り返してはなりません。原爆は決して落とすべきではありませんでした。戦争終結に必要だったと言う人がいます。でも、だれが何と言おうと、私はこの眼で見たのです。原爆でやられたのは、老人と女たち、そして子供たちだったのです。原爆が必要だったわけなどありません。わたしは、死ぬまでそのことを言い続けるつもりです。

（前出『目撃者の眼』展図録より要約）

◇　資料2　ここまで　◇

『終戦直後、オダネルさんが見た日本人は、自分たちアメリカ軍の攻撃によって徹底的に痛めつけられ、家族や親戚、友人たちを失ったというのに、アメリカ人に対して温かく、親切に接する日本人の姿でした。そして、そのような時に出会ったのが、写真の少年だったのです。では、同じく終戦直後に、東京であったお話を紹介しましょう』

【資料3】

親殺し、子殺し、数々の不正や偽装が報道される中、八一歳の元ハワイ州知事ジョージ・アリヨシ氏は、「義理、恩、おかげさま、国のため」に日本人がもう一度思いをはせてほしいと訴えている。終戦直後に出会った少年がみせた日本人の心が今も、アリヨシ氏の胸に刻まれているからだ。

陸軍に入隊したばかりのアリヨシ氏は一九四五年秋、初めて東京の土を踏んだ。

彼が最初に出会った日本人は、靴を磨いてくれた七歳の少年だった。言葉を交わすうち、少年が両親を失い、妹と二人で過酷な時代を生きていかねばならないことを知った。

東京は焼け野原だった。その年は大凶作で、一〇〇〇万人の日本人が餓死するといわれていた。少年は背筋を伸ばし、しっかりと受け答えしていたが、空腹の様子は隠しようもなかった。

アリヨシ氏は兵舎に戻り、パンにバターとジャムを塗るとナプキンで包んだ。持ち出しは禁じられていた。だが、彼はすぐさま少年のところにとって返し、包みを渡した。少年は「ありがとうございます」と言い、包みを箱に入れた。彼は少年に、なぜ箱にしまったのか、おなかはすいていないのかと尋ねた。少年は「おなかはすいています」といい、「三歳のマリコが家で待っています。一緒に食べたいんです」といった。

アリヨシ氏は手紙で「この七歳のおなかをすかせた少年が、三歳の妹のマリコとわずか一片のパンを分かち合おうとしたことに深く感動した」と書いている。

彼はこのあとも、ハワイ出身の仲間とともに少年を手助けした。しかし、日本には二カ月しかいなかった。

そして、一九七四年、日系人として初めてハワイ州知事に就任した。アリヨシ氏は日本に旅行するたび、この少年のその後の人生を心配して消息を探したが、見つからなかった。

「妹の名前がマリコであることは覚えていたが、靴磨きの少年の名前は知らなかった。私は彼に会いたかった」

アリヨシ氏は「荒廃した国家を経済大国に変えた日本を考えるたびに、あの少年の気概と心情を思いだす。それは『国のために』という日本国民の精神と犠牲を象徴するものだ」と言う。そして、今を生きる日本人へのメッセージを送っている。

「幾星霜《いくせいそう》が過ぎ、日本は変わった。今日の日本人は生きるための戦いをしなくてよい。ほとんどの人びとは、両親や祖父母が新しい日本を作るために払った努力と犠牲のことを知らない。すべてのことは容易に手に入る。そうした人たちは今こそ、七歳の靴磨きの少年の家族や国を思う気概と苦闘を、もう一度考えるべきである。義理、責任、恩、おかげさまで、という言葉が思い浮かぶ」

「凛《りん》とした日本人たれ」。父母が福岡県豊前市出身だった有吉（アリヨシ）氏の祖国への思いが凝縮されていた。

＊注…凛＝きりりと引きしまっていること

（【やばいぞ日本】靴磨きの少年～一片のパン「幼いマリコに」
産経新聞二〇〇七年十一月六日より要約）

◇　資料3　ここまで　◇

『たった一人で、自分の弟を丁寧に荼毘《だび》に付し、生きていこうとする

「生きる力強さ」や「勇気」。そして、苦難にたじろがず、貧しさを分かち合う「思いやり」「無私の心」が読み取れました。自らの努力と気概で、日本人は敗戦と飢餓という未曾有《みぞう》の危機を乗り切りました。それからおよそ七十年、今の社会には忌まわしい事件がたくさん起こっています。日本人はどうなってしまったのでしょうか!?』

焼き場の少年やマリコの兄から、現代の私たちが学ぶ事は何でしょうか。今の日本の状態や自分自身に照らして何をするべきですか。

《授業おわり》

生徒の感想をどうぞ。

○僕らは豊かすぎて大切なことをいろいろ忘れている。僕らが終戦直後に生きていたらきっと生きのびられないだろう。このような少年たちの心を学ぶべきである。

○僕は今、欲しい物はいつか手にはいると簡単に口に出して言ったりしている。しかも食べ物は好き嫌いがあったり、わがままを言ったりとたくさんある。しかし、これからは「がまん」や「人のために」ということを思って生きていきたい。

○自分の家族を殺したアメリカ軍の兵士に対しても礼儀をしっかりと守っていたのはすごいと思った。昔の日本人は「思いやりの心」が、今の日本人よりあったのだと思う。今の日本人は、昔の日本人に学ぶことが多い。

○私が思っていた勇気や思いやりなどは一瞬のことだけで、今日知った勇気や思いやりはもっと深く、温かいものだった。

○昔の日本人は必死で生きていたのに、現在の日本人は殺人や自殺サイトなどでわけのわからない死に方をしている。先祖がいるから自分がいるのに、くだらないことで死んでいくのは先祖に対しても失礼だと思うし、そんなことで命を落としてはいけないと思った。

○平和な世界に生まれて良かったなぁと思う。でも、昔の日本人は素晴らしいのに、今はすぐに鬱になったり、自殺したりと、日本は変わってしまったんだと思った。

○昔の日本人と今の日本人は、心がだいぶ変わってしまったんだと思った。焼き場の少年のことなどをもっと知れば、今起きている事件は減ると思う。
○あの頃の日本人は、本当は悲しいのだろうけど、その悲しさを表に出さなかった。自分ならきっと泣いていただろうと思う。今は、親が子を殺したりする事件がある。でも昔の人みたいに一緒に生きたくても生きられなかった人がいたのだから、もっと命を大切にしなければならないと思った。
○こういう少年は今はいないのではないかと思った。自分もこの少年のようなたくましい日本人になりたいです。
○僕だったら絶対にこんなことはできないと思いました。でも、僕はこの資料を読んで、妹をもう少し大切にしようと思いました。
○沢山の人たちが死んで、家族も殺されて多くの犠牲を払ってやっと戦争が終わったのに、くだらないことで家族を殺したりして、今の日本人は何をしてるんだろうなぁと思った。本当に友達や家族を大事にしていた昔の日本人の心、相手や身を思いやる優しい心を取り戻してほしいと思う。

■参考文献

・『トランクの中の日本―米従軍カメラマンの非公式記録』ジョー・オダネル（小学館）
・「【やばいぞ日本】第４部　忘れてしまったもの」二〇〇七年産経新聞特集

6 「海の武士道〜敵兵を救助せよ」生命の尊重

昭和十六年、大東亜戦争（太平洋戦争）開戦直後に日本海軍の武士道が発揮された奇跡の救出劇があった。駆逐艦の艦長・工藤俊作とイギリス兵の感動の物語から、真の武士道精神とは何か、を中学生に教える。

《授業はじめ》

『今、戦争中だとします。あなたは戦艦の艦長です。戦闘海域に来ました。すると我が軍に船を沈められた敵兵が数百人も漂流しているのが見えました。艦長のあなたはどうしますか？

また、その理由は？』

ア、助ける　　イ、攻撃する　　ウ、見逃してやるアを選んだ生徒が多数。理由は「たとえ敵でも同じ人間だから助けてあげないといけないと思った」「命は大切だから」「見逃すとかえって危険だから捕虜にする」「さすがにかわいそうだから」「人質にする」など。

イを選んだ生徒は十人。理由は「助けるのは大変だし、攻撃されるかもしれないから」「敵だから」「船に乗られて占拠されたら困るから」など。

ウを選んだ生徒は七人。理由は「逆に殺されちゃうかもしれないから」「助けたくもないし、攻撃したくもないから」「めんどうくさいから」など。

『戦闘中に救助するということは、どんな状況に直面するでしょうか…。例えば、「救助している最中に新たな敵から攻撃されてしまう」「救助しようと近づいたら逆襲される」「救助した敵の数の方が多かった場合、艦を乗っ取られる」かもしれないという危険が伴うのです。これを知った上で、再度、あなたが艦長だったら、どうしますか?』

ア、それでも助ける　　イ、やはり攻撃する　　ウ、見逃してやる

結果、同じくアが多数、イが十人、ウが九人であった。今の中学生は人道的で、「助ける」「見

逃す」で約三分の二を占めた。では、資料を使って史実を読んでいこう。

【資料1】

今から七十年ほど前、日本は米英蘭と戦闘状態に入りました。大東亜戦争（太平洋戦争）です。開戦当初の一九四二年二月二七日、インドネシアのジャワ島沖で、日本艦隊と米英蘭の連合艦隊が激突しました。日本は敵艦十五隻中十一隻を撃沈し、大勝利を得ました。この時の戦いで沈められたイギリスの巡洋艦エクゼターと駆逐艦エンカウンターの乗組員四〇〇人以上が、二一時間にわたって漂流を続けていました。

味方がきっと救助に来てくれると信じ、救命用の舟に五〜六人でつかまって、首から上を出していた乗組員たちは、沈没艦から流出した重油につかり、多くの者が一時的に目が見えなくなっていました。見渡す限り海で、陸から何百キロも離れ、食料も飲み水もありません。実はこの時、ジャワ海にはすでに連合軍の船は一隻も存在していませんでした。彼らは限界に達していました。一人が耐えられなくなって、軍医に、自殺のための毒薬を要求し始めました。

この時、偶然この海域に通りかかったのが日本海軍の駆逐艦「雷《いかづち》」です。この雷の艦長こそ、**工藤俊作**中佐でした。

工藤艦長始め、雷の乗組員たちは、あまりにおびただしい数の漂流者に驚きました。

この海域は、米蘭の多くの潜水艦が行動しており、我が国の艦船にも犠牲が出ていました。

国際法によると、敵の攻撃をいつ受けるか分からない危険な状況下では、遭難者を放置しても違法にはなりません。

しかも、漂流する敵兵四〇〇人以上に対して、雷の乗組員は一五〇名しかいませんでした。

日本海軍駆逐艦「雷」 © Ryunosuke Megumi

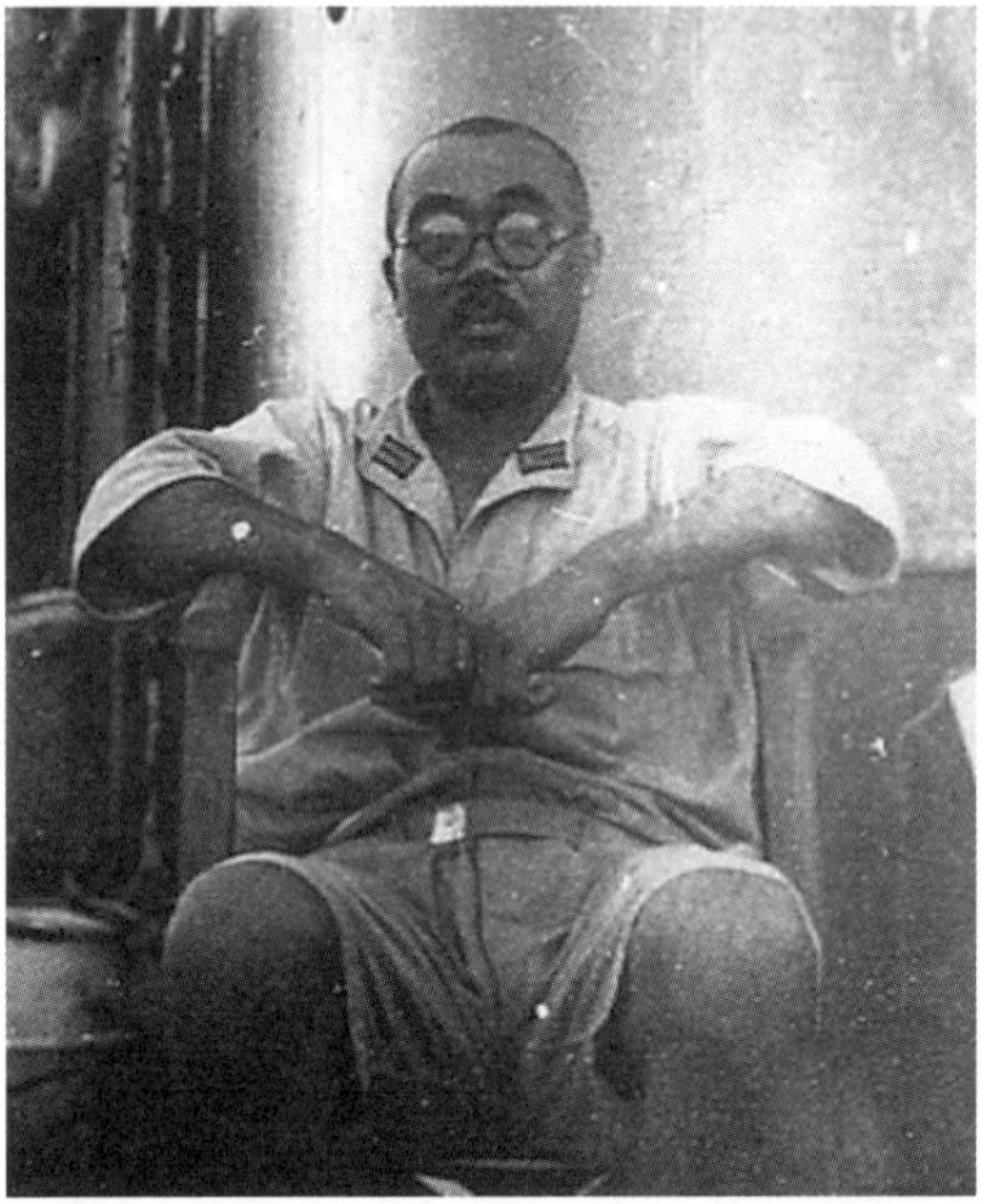

雷艦長の工藤俊作。駆逐艦は、そのスピードを生かして大きな戦艦や巡洋艦を助けるのが任務。工藤艦長は身長185㎝、体重95㎏。大きな体に、丸メガネ。© Ryunosuke Megumi

◇ 資料1 ここまで ◇

『この時、工藤艦長はどんな決断を下したでしょうか』

多くの生徒が「とても迷っただろう」と答えた。何せ敵兵が四〇〇人以上だというのがその理由だ。

ここで話を変えて一枚の写真に注目させる。イギリス人サミュエル・フォール氏である。

『さて、話は変わって、この人はサミュエル・フォールさんといいます。八四歳のイギリス人紳士です。平成十五(二〇〇三)年十月十九日、日本に来ました。フォールさんの来日の目的は何だと思いますか』

「きっと、この戦いに関係がある人だ」

『では、とっておきの秘話を紹介しましょう』

サミュエル・フォール氏
© Ryunosuke Megumi

【資料2】

漂流する敵兵四〇〇人以上の中に、イギリス海軍中尉だったフォールさんがいました。そこに、工藤俊作艦長の指揮する雷が偶然、通りかかったのです。

雷では、見張りの兵が

「左三十度、距離八〇〇〇、浮遊物多数」

「浮遊物は漂流中の敵将兵らしき」

「漂流者四〇〇以上！」

と次々に報告を入れてきます。

工藤艦長は「潜望鏡は見えないか、確認せよ」と、敵の潜水艦が近くにいないかどうか確認させました。いったいどうするのでしょうか。

「敵潜水艦らしきものは見えません」「異常なし」

じっと前方をにらんでいた工藤艦長はついに決断し、命令を発しました。

「敵兵を、救助せよ!!」

雷は直ちに、「救難活動中」を意味する国際信号旗をマストに掲げ、「我、タダ今ヨリ、敵漂流将兵多数ヲ救助スル」と無電を発しました。敵潜水艦に攻撃されるおそれのある中での大規模な救助、しかも、その対象は敵兵です。

工藤艦長は、「全員総力をあげて救助に当たれ」と指示しました。縄ばしごやロープ、竹竿などを出し、はい上がらせました。最後の力を振りしぼって泳ぎ着き、日本兵が支える竹竿に触れると、安心したのでしょう、イギリス兵たちは力尽きて次々と水中に沈んでいきました。甲板上の日本兵たちは、声をからして「頑張れ！」「頑張れ！」と叫びました。見かねた日本兵の一人が海中に飛び込み、泳ぎながらイギリス兵の体や腕にロープを巻き始めました。それを見るとまた一人、また一人と日本兵が飛び込み、イギリス兵を助けました。もう敵も味方もありませんでした。

フォールさんは、この時のことをこう回想しています。

「私は雷を発見した時、日本兵に機関銃で撃たれるにちがいない。いよいよ最後の時が来た、と思いました。ところが、日本兵は私たちを助けてくれたのです。

縄ばしごでなんとか甲板に上がることができたわれわれを日焼けした日本兵は温かく見つめてくれていました。私たちは油や汚物にまみれていましたが、木綿のぼろ布とアルコールで体の油をふき取ってくれました。しっかりとしかも優しく。友情あふれる歓迎でした。私は緑色のシャツ、カーキ色の半ズボン、運動靴を渡されました。そして、熱いミルク、ビール、ビスケットまでくれたのです。まさに奇跡が起こったと思いました。これは夢でないかと、自分の手を何度もつねったのです」

甲板の上は日本兵とイギリス兵であふれました。横たわり、日本兵の腕に抱かれたまま息を引き取る者もいました。

間もなく、工藤艦長は救出された士官たちに集合を命じました。

フォールさんの回想です。

「私たち士官は前甲板に集合を命じられました。何をされるのかと不安になりました。すると艦橋から降りてきたキャプテン・クドウは私たちに敬礼をしました。私たちも敬礼を返しました。

キャプテン・クドウは流暢《りゅうちょう》な英語でこうスピーチされたのです…。」

◇　資料2　ここまで　◇

イギリス兵を救出する「雷」
© Ryunosuke Megumi

工藤艦長はこう言いました。

「あなた方は勇敢に戦われた。

今や日本海軍の名誉ある（　　　　　　）である」

（　）にはどんな言葉が入ると思いますか。

「仲間」「友達」「戦友」
『工藤艦長は、実際はこう言ったのです。わかりますか。
Now you are the guests of the Imperial Japanese Navy.
資料で確認しましょう』

【資料３】

「キャプテン・クドウは流暢《りゅうちょう》な英語でこうスピーチされたのです。

『あなた方は勇敢に戦われた。今やあなた方は、わたしたち日本海軍の名誉あるゲスト（お客様）である。わたしはイギリス海軍を尊敬している。ところが、今回、あなた方の政府が日本に戦争をしかけたことは愚かなことである』

雷はその後も生存者を捜し続け、たとえはるか遠方に一人の漂流者がいても必ず艦を停止し、乗組員総出で救助してくれました。雷の甲板はすわる場所もないほど日本とイギリスの兵隊であふれていました」とフォールさんは目を潤ませて語りました。

この日、日本兵が救助した数は、実に四二二名。翌日、工藤艦長はイギリス兵全員を、オランダの病院船へ引き渡しました。イギリス士官たちは雷のマストに翻る旭日旗に敬礼、向きを変えてウイングに立つ工藤艦長に敬礼して雷をあとにしました。工藤艦長は、丁寧に一人一人に敬礼で答えました。イギリス兵らは雷に向かって手を振り、体一杯に感謝の気持ちを表していました。

◇　資料3　ここまで　◇

『工藤艦長のイギリス兵に対するスピーチを知って、感想をどうぞ』

○とても堂々としたスピーチだ。
○敵をゲストとして尊敬するなんてすごいことだと思った。
○工藤艦長は、心が広くてすごくいい人だ。
○でかい人だなぁと。サイズじゃなくて心。これぞ偉大ってかんじです。

【資料4】

戦後、フォールさんは外交官として活躍しますが、その間、工藤艦長への恩を忘れず、ずっと消息を捜し続けてきました。一九八七年、アメリカ海軍の機関紙にも論文を書き、「騎士道」として工藤艦長の行動を紹介したりしました。

しかし同年、工藤艦長がすでに亡くなっていたことを知らされます。フォールさんは「自分や戦友の命を救ってくれた工藤艦長の遺族や関係者に会ってお礼が言いたい。工藤艦長の墓参りがしたい」と強く願うようになりました。

フォールさんは、一九九二年、インドネシアで開かれた「スラバヤ沖海戦五十周年記念式典」で講演し、工藤艦長の功績を「日本武士道の実践」と称え、会場のスタンディング・オベーションを受けました。そして、一九九六年に自伝『My　Lucky　Life』で雷の救出劇を書き、その巻頭に「元帝国海軍中佐工藤俊作に捧げる」と記しました。さらに一九九八年、英タイムズ紙にこの奇跡的な体験を投稿します。しかし、それでも工藤艦長の情報は入ってきませんでした。二〇〇三年、年齢も八四歳となったフォールさんは、「人生の締めくくり」として感謝を述べるためにイギリスから来日したのです。

ところが、墓も遺族も何の手がかりもつかめませんでした。やむなく、フォールさんはジャーナリストの恵隆之介《めぐみ》さんに調査を依頼して帰国の途につきました。

それにしてもなぜ、これほどの大救出劇が、誰にも知られないままだったのでしょうか。

調査を依頼された惠さんは、工藤艦長の足跡《そくせき》を丹念に追い、ついに遺族を見つけ出しました。話を聞いた工藤艦長の甥《おい》・七郎兵衛さんは「叔父はこんな立派なことをされたのか、生前は一切、軍のことは話さなかった」と落涙しました。

昭和五四（一九七九）年一月十二日、七八歳で臨終の床にあった工藤艦長は、「俺は独活《うど》の大木《たいぼく》だったなあ」と言いつつ、静かに目を閉じたといいます。

何と工藤艦長は、雷での出来事を家族にも語らず、この世を去っていたのでした。悪いことに、当時の雷の乗組員は、後にそのほとんどが戦死したため、事実を公にする生存者がいなかったのです。雷の航海長だった谷川さんは、「工藤氏ならきっと『俺は当たり前のことしかやってないんだ。別に誉められることでもない』と言ったと思います。そういう人でした」と証言しています。

フォールさんの「恩を忘れない」という思いがなければ、この偉大な歴史的事実は明らかにならなかったことでしょう。

フォールさんの言葉です。

「彼ら日本兵は敵である私たちを全力で助けてくれたのです。一人、二人を救うことはあっても、全員を捜そうとはしないでしょう。たとえ戦場でもフェアに戦う。困っている人がいれば、それが敵であっても、全力で救う。それが日本の誇り高き武士道であると認識したのです」

工藤艦長の墓石の前で手を合わせるフォール氏
写真提供：米沢日報デジタル

その後、フォールさんは惠さんからの連絡で工藤艦長のお墓が埼玉県の薬林寺にあることを知りました。八九歳という高齢で心臓病を患い、車イス生活になっていましたが、「墓参りをしたい」と願いました。医師は「命にかかわる」と反対しました。しかし、フォールさんは惠さんが開催した「工藤艦長墓前祭」に行くことを決意します。そして、平成二十（二〇〇八）年十二月、六三年間も抱き続けた工藤艦長への思いを果たすために、フォールさんは日本にやってきました。

実は、先生（著者）は惠さんと知り合いだったので、この墓前祭に参列しました。フォールさんは大柄ですが、たいへん優しそうな紳士でした。驚いたのは、それまで車イスだったのですが、墓前に来ると「座ったままでは失礼」と、介助の人に助けられながら何とか立ち上がって手を合わせたことです。

フォールさんの「騎士道精神」と工藤艦長の「武士道精神」が生んだ奇跡のお話でした。

◇ 資料4 ここまで ◇

フォールさんの強調する「日本の誇り高き武士道」とはどんなことでしょうか。

「勝者はおごらずに（ ① ）をいたわり、相手の（ ② ）を讃えること」

※ 正解は、①敗者 ②勇気 である。

《授業おわり》

いたく感激した生徒が多く、ずいぶん熱心に感想文を書いた。紹介しよう。

○工藤さんはとてもすばらしい人だ。そして、日本の武士道もとてもすばらしいものだった。また、フォールさんも六三年間ずっと工藤さんのことを思っていたなんて、そうとう感謝しているんだなって思いました。工藤さんの「決断」…人によって正しいか正しくないかは違うと思うけれど、私は工藤さんの決断は正しかったと思います。こんな信じられないようなことが昔あったなんて知りませんでした。先生が紹介してくれた本を読んでみたいなと思いました。墓前祭にも行きたかったです。

○工藤艦長が、家族や他の人にもいっさい自分のやったことを話さなかったところがかっこいいと思った。そして、フォール氏も最後まで感謝の気持ちを忘れずに日本を訪れたことで、とてもいい人なんだということがわかった。両氏ともすばらしいです。自分もしっかりと武士道精神を持って、工藤艦長のように生きたくなった。

○戦争中、日本と英国は敵同士だったにもかかわらず、危険を冒してまで敵を助けたのは、とても他の人には真似できないことだと思いました。さらに自分たちの貴重な食料も惜しみなく与えたことはすごいことです。工藤艦長たちが、英兵を敵としてではなく、人間（ゲスト）として接したことは、日本の誇るべきことだと思いました。

○このことをフォールさんが発表していなかったら、今自分たちがこんな話を聞けなかったのですね。日本の武士道と英国の騎士道があったからこそ、この感動的な話があるのだと思いました。

○たとえ敵でも救助の指示を出した工藤艦長はすごい人だ。必死で救助活動をした乗組員たちもすごい。また、イギリス兵を救った工藤艦長たちは立派だと思ったが、恩をずっと感じ続けてきたフォールさんもすばらしい人だと思った。工藤さんが亡くなっていることがわかっても、そこであきらめずに、しかも病気だというのに、お墓参りに行くなんて、普通の人にはできることではないと思う。工藤さんが武士道の心を持っているように、フォールさんも騎士道の心を持っているんだ、と強く感じた。

○フォールさんの話した言葉や足が悪いのに手を合わせる時に立ち上がったことなどで、本当に感謝しているんだなとわかりました。相手が敵国の兵で、しかもいつ襲われるかわからない所なのに救助したのはとても勇気があることだと思います。工藤艦長は戦争中でも武士道の心を忘れずにいたから、このような奇跡が生まれたんだなと思いました。私も工藤艦長を見習って、どんな人でも困っていたら助けていきたいと思います。

○日本の武士道精神のような人を思いやる気持ちは、今の世の中でこそ必要だと思います。このような気持ちは、世界中の人々が大切にしていくべきだと僕は思います。

○私も、助けを必要としている人は助ける。また、助けられたら感謝の気持ちを忘れないという人間として大切なことを忘れないようにしていきたい。

○すごい「決断」のことを家族にも誰にも生涯話さなかったなんて、工藤艦長は謙虚な人だったんだと思う。また、それを工藤艦長が「俺は当たり前のことをしただけだ」と言っただろうというのが印象的だった。私から見たら、大きな勇気が必要で、誰にでもできることではないのに、それを「当たり前」と言えることはすごいと思った。もし、フォールさんが来日しなければ、この話は日本人に知られることはなかった。もう高齢になっているのに、工藤艦長の墓参りのために日本に来たフォールさんもすごい人だ。
○工藤艦長は、今の日本人が忘れている「信念」や「武士道」という大切なものを持っていた人です。たとえ敵でも、困っている人がいたら助ける。私にはできないことだと思います。工藤艦長のようにはなれませんが、私も信念を持った人間になれるように頑張ります。
○戦争という「情」のない状況の中で、敵を助けるというすごい行いが僕の心に残りました。困っている人を助けないで正々堂々とした戦いはできないという、これが武士道なんだなと思いました。
○特に感動したのは、救助が来たことに安堵《あんど》したイギリス兵たちが沈んでいくところを自らの危険を顧みずに、海に飛び込んで助けたところです。兵たちもすごい人たちでした。
○工藤艦長は武士道をとても大事にしていたからこそ、このようなことができたんだと思う。今の自分だったら、そこまでできる力はないだろう。自分も多くの人たちに感謝されるような良い人間になれたらいいなと強く感じた。今の日本人も工藤艦長を目標にすればいいのではないかと思う。
○自分たちがいつ攻撃されるかわからないくらい危険な状態なのに、それを顧みず漂流中の敵兵（四二二名！）を救助するなんてすごいと思った。それに、艦長は日本兵一五〇人の命を預かっているにもかかわらず、「救助する」という決断をしたことにとても感心したし、日本兵も艦長の判断に対して、力尽きた敵兵を海に飛び込んでまで助けたその「心」がすごく立派だと思った。そして、その感謝の気持ちを忘れないで、工藤さんにお礼を言いにわざわざ日本まで来たフォールさんもすごく立派だった。
○工藤艦長は、人間としてすばらしい人だなと思いました。こんな人になれたらいいなと思いました。「敵であろうと人間である」というのは、戦争じゃなく、スポーツでも言えることなので、僕もフェアプレーで戦っていきたいです。武士道ってかっこいいなって思いました。とても興味を持ちました。
○イギリスにも日本の武士道と似ている騎士道というものがあったからこそ、この話は日本に伝えられたのだと思いました。工藤艦長は乗組員や家族から立派な人と言われています。きっと日本軍人の鏡のような存在だったんだろうと感じました。お墓参りで、フォールさんは心臓病を患っていて車イスに乗らなければならない体なのに、座ったままではなく、しっかりと立って手を合わせたことにとても感動しました。
○フォールさんは工藤艦長にとても深く感謝していると思います。フォールさんが感謝しているのは、ただ命を助けてくれただけではなく、日本の武士道の心を教えてくれたからだと思います。そうでないと、二度も日本に来て工藤艦長にお礼を言えないと思うからです。武士道という立派な心は、日本がとても誇れるものです。

○工藤さんの救出劇もすごいと思ったけど、フォールさんの感謝の気持ちの深さもすごいな。自分だったら、お礼を言うためだけにここまでやれるかなと思った。人を感謝する気持ちはこころまで大きくなるんだ、ととても感心した。自分もこのくらい人に感謝できる人になりたいと思った。

○イギリス兵を助けても、それを誰にも言わないことはすごいことです。普通だったら偉そうにするのに…。墓前でのフォール氏の様子を読んで感動しました。私は「武士道」というものがどれだけすごいものなのかが分かりました。私はこの話を知ることができて心から良かったと思いました。工藤艦長、そして日本軍の人たちはすごい人でした。この話は、もっとみんなが知った方が良いと思います。

○「武士道」っすね。弱っているとはいえ、敵ですよ。それに救助中にやられたら、終わりですよ。助けるか、見捨てるか…どっちを選んでも正解なのかもです。だって艦長として人の命を預かっているんですから。それから、フォールさんもすごくいい人なんだと思います。だってねぇ、もう何十年もたっているんですよ。命にかかわると医者に言われても来たんですから。この出来事はフォールさんにとってそれほど衝撃だったんだと思いますよ。武士道は永遠に日本人の心にあるといいですね。いや、あると信じてます。
○この話、自分たちが一番手本にしなくてはいけないことだと思った。自分は武士道の血が流れている日本人なので、一日一日を武士のように生きていきたいと思った。いつもの生活の悪いところを見直して、武士道を心に置いていきたい。
○「武士道精神」なんて聞いたこともなかったし、まだどんなことかも分からないけれど、工藤俊作さんは優しさを人よりもたくさん持っていると思いました。自分たちが殺される可能性もあるのに、敵で自分たちよりも多い人数を助けるなんて、常識ではおかしいと思います。でもそれが「武士道精神」なのか…。

■参考文献

・『敵兵を救助せよ！』惠隆之介（草思社）
・『海の武士道 DVD BOOK』惠隆之介（育鵬社）
・『ありがとう武士道』サム・フォール　中山理、先田賢紀智訳（麗澤大学出版会）
・授業実践「敵兵を救助せよ」安達弘（横浜市小学校教諭）

7「日本マラソンの父・金栗四三《かなぐりしぞう》 三度のオリンピック」努力を続ける

今から約一〇〇年前、オリンピックのマラソン競技で金メダルを獲る実力を充分に持ちながらも、栄冠を手に入れられなかった悲運のアスリート・金栗四三。その金栗が「日本マラソンの父」とまで呼ばれるようになったのはなぜなのか。

数々の挫折を乗り越え、日本陸上長距離部門の基盤を築き上げた功績は並ぶ者がないほど輝かしい。金栗の「不屈の精神」から学ぶ授業である。

《授業はじめ》

『次の問いに答えましょう』

■あなたは挫折したことがありますか？

《ある　ない》

■どんなことで落ち込みましたか？

■なぜ挫折をしないのでしょうか？

■今は立ち直ってますか？

■将来、もし挫折したら…

《はい　いいえ》

■どうやって立ち直りましたか？

■どうすれば立ち直れると思いますか？

挫折したことが「ある」二二名、「ない」十二名であった。

立ち直る方法は「前向きに考える」「あきらめる」「心を入れ替える」などと答えた。

今日は挫折に立ち向かうお話であることを告げ、授業を展開する。

『正月の恒例行事のひとつに「箱根駅伝」がありますね。毎年、数々のドラマを生む箱根駅伝の提唱者が金栗四三という人です。
金栗は、日本人で初めてオリンピックに出場した人です。それは大正時代の一九一二年、スウェーデンで開催されたストックホルム大会でした。その時、参加した日本代表選手は何人だったと思いますか』
「十人」「三十人」
『実は、たったの二人でした。そのひとりが金栗四三。日本マラソンの代表選手です』

【資料1】

日本で「フルマラソン（四二．一九五キロ）」が定着したのは一九一一年です。それは翌年に予定されていたストックホルム・オリンピックに向けての国内予選でのこと。これが日本で最初の公式マラソンでした。

日本マラソンの始まりは劇的でした。羽田からスタートして川崎を経て、東神奈川で折り返すコースです。この大会で金栗は、雨風《あめかぜ》の悪条件の中、二時間三二分四五秒のタイムで優勝し、なんと当時の世界記録（二時間五九分四五秒）を二七分も縮めたのです！

東京中に号外が舞いました。この驚くべき記録で優勝した金栗は、翌年のストックホルムオリンピックに「日本人選手第一号」として出場が決定しました。この時、二十歳の若者でした。

金栗は、明治二四（一八九一）年八月二十日、熊本県和水町の造り酒屋に生まれました。父親が四三歳の時に生まれたので、四三と名付けられました。小学校時代は往復十二キロの道のりを、毎日走って通学したといいます。中学校時代は特待生に推薦されるほどの秀才で、スポーツの経験はなかったそうです。

東京高等師範学校（現筑波大学）に入学した金栗は、校長の嘉納治五郎《かのうじごろう》（講道館柔道創始者）に才能を見出されます。陸上競技部に入部し、独特の工夫とアイディア、人の何倍もの努力を積み重ね、たちまち学校を代表するランナーに成長していきました。

オリンピック代表選手に選ばれた金栗は、国際オリンピック委員会（ＩＯＣ）の委員でもある嘉納校長に、胸の内を打ち明けました。

「先生、羽田のレースでは幸運にも勝つことができました。しかし、充分な練習も準備もできていないまま、たとえ三、四ヶ月のトレーニングを積んだとしても全く自信はありません。行けば絶対に勝ちたいと思うでしょう。また、勝たなければ期待してくれる国民に申し訳ありません」

金栗には日本人初の出場という巨大なプレッシャーがのしかかっていたのでしょう。

◇　資料１　ここまで　◇

『悩む金栗です。でも、結局オリンピックへの出場を決意します。**金栗は何のために出場しようと決意したのだと思いますか**』

ア、自分自身のため　　イ、家族や世話になった人達のため　　ウ、その他

生徒は「日本のため」「家族のため」「自分の力を試したかった」などと答えた。

【資料２】

オリンピック出場に迷う金栗に対して、嘉納は「君の足で、君のマラソンの力で、日本スポーツの海外発展のきっかけを築いてくれ。勝ってこいというのではない。最善を尽くしてくれればいいのだ。日本スポーツ界のために『黎明《れいめい》の鐘』となりなさい」と説きました。

黎明とは、夜明けのことです。「黎明の鐘という言葉にしびれた」と金栗は決意します。

「実力を発揮すれば必ず金メダルが獲得できる!」

マラソンシューズなどは持っていないので、金栗は底を厚く縫い合わせた足袋《たび》を履いて競技していました。この格好で、絶対に優勝してみせるとの信念で、ストックホルムへと向かいました。

開幕の直前、組織委員会から「日本の国名標示をどうするか」と問い合わせが来ました。金栗が「正式の国名どおりに漢字で『日本』とすべきでしょう」と提案。「それでは外国人には読めない。やはり英語でＪＡＰＡＮに」と国際通の監督。ところが、金栗は「それは外国人が勝手につけた名前です。『日本』という本当の呼び名を使い、世界の人々に知らせる必要がある。ＪＡＰＡＮならプラカードを持つのをやめます」と譲りません。困ったみんなが一斉に団長の嘉納治五郎の顔を見ます。

「ウーム、どちらも一理ある。発音はニッポン、標記はローマ字。つまりＮＩＰＰＯＮでどうか」。この調停に一件落着しました。

このエピソードは、金栗が母国日本のために戦うと強く決意していたことをよく表しています。

◇　資料２　ここまで　◇

『先の発問の答えは「ウ、その他」で「日本のために」ですね。金栗は日本スポーツ界発展のために出場を決めたのです。さて、マラソン競技の方はどうなったのでしょうか』

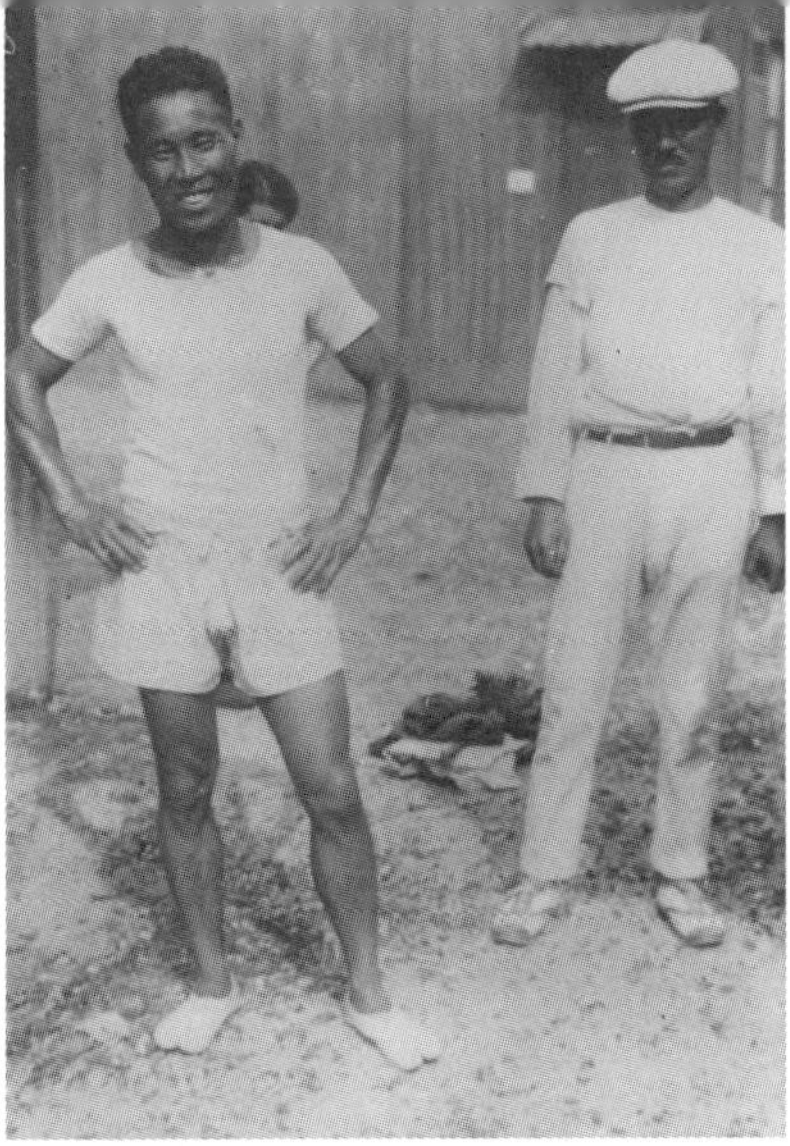

現役時代の金栗四三（左）足に履いているのは何でしょう？
写真：玉名市立歴史博物館こころピア所蔵

1912年7月14日　開会式の入場行進。短距離走の三島弥彦が国旗、金栗はプラカードを持つ。出場選手わずか2名で行列人数が非常に少なく、観衆の同情をひいたという。
写真：玉名市立歴史博物館こころピア所蔵

【資料3】

オリンピック最終日、マラソン競技がスタートしました。しかし、金栗は冬のマラソンしか経験が無かったのです。しかも当日は北欧では珍しい猛暑の四十度近い炎天下、参加選手六八人中で完走したのはわずか三七人でした。意識不明で死者まで出る歴史に残る過酷なレースになったのです。母国日本の期待を一身に背負った金栗も、初めての海外遠征・慣れない洋食・白夜とストレスによる睡眠不足がたたり、二五キロを過ぎたところで意識不明となりました。熱中症です。近くの農家に助けられ、目を覚ました時は翌日の朝になっていました。競技中に姿を消したので大騒ぎになり、「日本人選手が行方不明」と新聞にまで載ってしまいました。

金栗はあふれる涙をぬぐいながら日記に書きました。

「大敗後の朝を迎えた。自分の一生で最も重大な記念すべき日だったのに。しかし、失敗は成功の基《もと》、またその恥をすすぐ時が来る。雨降って地固まるの日を待つのみ。笑わば笑え。この敗北は日本人の体力の不足を示し、技の未熟を示すものである。重い責任を果たせなかったことは、死んでもなお足らないけれども、死ぬことは簡単なことである。生きてその恥をすすぎ、粉骨砕身してマラソンの技を磨き、日本の名誉を示そう」

帰国後、金栗は四年後のベルリン五輪大会を目標に練習に励みました。日本選手権などで二回も世界最高記録を出し、誰もが今度こそ金メダル間違いなしと期待しました。

しかし、一九一四年に第一次世界大戦が勃発し、オリンピック自体が中止になってしまったのです。

それでも、金栗はまったくあきらめませんでした。歴史と地理の先生をしながら、さらに自分の走りに磨きをかけます。そして迎えた一九二〇年のアントワープ五輪大会。優勝を期待されながら、今度は寒さによる足の痙攣《けいれん》で無念の十六位。次のパリ五輪大会(一九二四年)では、金栗すでに三三歳。三二キロ地点で棄権を余儀なくされました。結局、金栗はストックホルムのリベンジを果たせないまま、悲運のアスリートと言われるようになりました。

◇　資料3　ここまで　◇

『資料3を読んでどう思いましたか』

「頑張っていたのにかわいそう」「ついてない」「実力はあるのに残念だ」の声。

『この後、悲運のアスリート金栗は、何をしようと決意したでしょうか』

「マラソンをやめた」「いや、もっと努力した」「そのまま亡命した」「コーチになった」「学校の先生を続けた」「解説者になった」とさまざまな発言が飛び出した。

では、金栗の後半の人生を確認しよう。

【資料４】

金栗は現役を引退しましたが、指導者として大きな功績を残しました。その画期的な仕事のひとつが、マラソンシューズの開発です。底にゴムを張りつけた「金栗足袋」は、全国の運動会などで愛用され、多くの選手たちを助けました。

金栗は選手の育成、競技の普及のために全国をかけまわりました。心肺機能の充実をはかる富士登山競争、高地トレーニング、インターバル・トレーニングなど次々と新しい練習方法を取り入れていきました。

また「マラソンは孤独で辛い。だから競技人口も少ない」と、金栗はチームで練習をやろうと考え、箱根駅伝を企画しました。ふだんの練習をゲームにして、互いに励まし合って責任感とチームの和を育て、練習の質と量を高めてマラソンのレベルアップにつなげようとしたのです。

さらに、女性のスポーツが一般的でなかった当時、金栗は女子体育の大切さを説き、全国に普及させました。

金栗は常に日本スポーツ界の先頭に立って、全国を廻り、オリンピック運動や陸上競技の普及と向上に努めました。抜群の発想力と企画力を持ち、断トツの行動力と指導力を発揮し、日本スポーツ界のパイオニアとして活躍しました。戦後も全国マラソン連盟の会長となり、現在のマラソン界につながる試みのほとんどは金栗の発案なのです。我が国が長距離走に強いのは、金栗のおかげと言ってもいいのではないでしょうか。

一方で後輩たちからは「お釈迦様」と呼ばれるほど、誠実で温厚な人柄でした。

◇ 資料4　ここまで ◇

金栗四三の座右の銘を紹介しましょう。
（　）の中にはどんな言葉が入るでしょうか。
「体力、（　　　　）、努力」

金栗の不屈の精神を支える言葉にふれさせる発問である。答えは「**気力**」である。強い精神力が何ごとをも乗り越えさせる力の源であること、そして、強い意志を持って努力を続けることの大切さを学び取って欲しい。

最後に、金栗晩年の秘話を紹介しよう。

【資料5】

現役時代から換算すると金栗の全走行距離は二五万キロ、地球六周以上にもなります。世界のマラソン界でも金栗の名は知れ渡り、いつしか金栗は「日本マラソンの父」と呼ばれるようになりました。そんな彼のただひとつの心残りがストックホルム五輪での挫折でした。

初のオリンピックを途中棄権してから五十年余りが過ぎた昭和四二（一九六七）年のこと、七五歳になった金栗のところにスウェーデンのオリンピック委員会から招待状が届きました。「ストックホルム・オリンピック開催五五周年」を記念する式典に招待するというのです。実はストックホルム五輪の時、日本チームは正式に棄権届けを出していなかったので、金栗は「競技中に失踪し、行方不明」として扱われていたのです。その「消えた日本人選手」が、今も健在であることを知った委員会が金栗を招待したのでした。その招待状には、なんと次のように書いてあったのです。

「あなたは、一九一二年のストックホルム・オリンピックマラソン競技において、まだゴールをされていません。あなたがゴールするのをお待ちしております」

金栗は、半世紀ぶりに思い出のスタジアムを訪れました。するとそこには、一本のゴールテープが用意されていました。彼のためだけに用意されたゴールです。観客の割れるような拍手の中、金栗は二十メートルほどの直線を走ってテープを切りました。

スタジアムには、「ただいまゴールしたのはミスター・カナグリ。ジャパン。タイムは五四年八ヶ月六日五時間三二分二十秒三、これで第五回ストックホルム大会は、全日程を終了しました」とアナウンスが流れました。観客たちは、二十歳でスタートし、七五歳でゴールした金栗を声援と拍手でたたえました。

金栗は、これに応えて「長い道のりでした。この間に孫が五人できました」とユーモアあふれるコメントを返し、ストックホルムの人々は大喜びです。

この記録はオリンピック公式記録として認定されました。今後、この記録が破られることはないでしょう。

昭和五九（一九八四）年十一月十三日、金栗は九三歳で永眠しました。毎年冬の風物詩になっている箱根駅伝では、彼の功績をたたえて、最優秀選手に「金栗四三杯」が贈呈されています。

◇資料5　ここまで◇

《授業おわり》

半世紀を経てゴールした金栗四三
写真：玉名市立歴史博物館こころピア所蔵

辛酸をなめ続けるもそれを乗り越える金栗の意志の強さ、そして日本陸上界のために生涯を捧げた献身の姿に生徒の多くが胸を打たれたようだ。また、終末のスウェーデンオリンピック委員会の粋な計らいは、ほのぼのとした爽やかな感動がある。偉大な人の功績は、国境を越えるのだ。生徒の感想を抜粋する。

○自分の国にこんな素晴らしい人がいるんだから誇りに思って生きたい。
○なんか、もっと自分も頑張れる気がしてきた。
○私が落ち込んだことなんて本当に小さいことだと思った。頑張っていこう。
○スウェーデンの委員会もすごい。本当にいい人たちだ！　報われて良かったなぁ！

【参考】
ストックホルム五輪棄権翌日の金栗の日記原文
大敗後の朝を迎う。終生の遺憾のことで心うずく。余の一生の最も重大なる記念すべき日になりしに。しかれども失敗は成功の基にして、また他日その恥をすすぐの時あるべく、雨降って地固まるの日を待つのみ。人笑わば笑え。これ日本人の体力の不足を示し、技の未熟を示すものなり。この重任を全うすることあたわざりしは、死してなお足らざれども、死は易く、生は難く、その恥をすすぐために、粉骨砕身してマラソンの技を磨き、もって皇国の威をあげん。

■参考文献

・『走れ25万キロ―マラソンの父　金栗四三伝』豊福一喜、長谷川孝道（講談社）
・『走ったぞ！地球25万キロ―マラソンの父・金栗四三』浜野卓也、清水耕蔵（佼成出版社）
・『熊本陸上競技史』（熊本陸上競技協会創立六十周年記念）平成十九年三月発行
・熊本県和水町ＨＰ「マラソンの父・金栗四三」
・ビデオ『夢をかなえた男　マラソン王　金栗四三』（テレビ熊本偉人シリーズ）

8「佐久間艇長の遺書」役割と責任

潜水艇の艇長・**佐久間勉**大尉は訓練中の事故に際し、事故発生後の経過と事故原因を手帳に克明に記録し、死の瞬間まで冷静に責務を果たさんとした。同じく乗組員も全員が、狭い艇内で死の恐怖と戦いながら最期まで任務を全うした。その姿は、世界各国から驚嘆と敬意をもって讃えられた。強い意志で職責を果たそうとした軍人の遺書から、中学生は何を学び取るだろうか。

《授業はじめ》

授業の冒頭に、次ページ上の資料を提示する。

『これは手帳に書かれた文字です。よく見て、感じたことを一言どうぞ』

「読めない」「字がきたない」「急いで書いているようだ」「一行目に『遺言』って書いてあるよ」

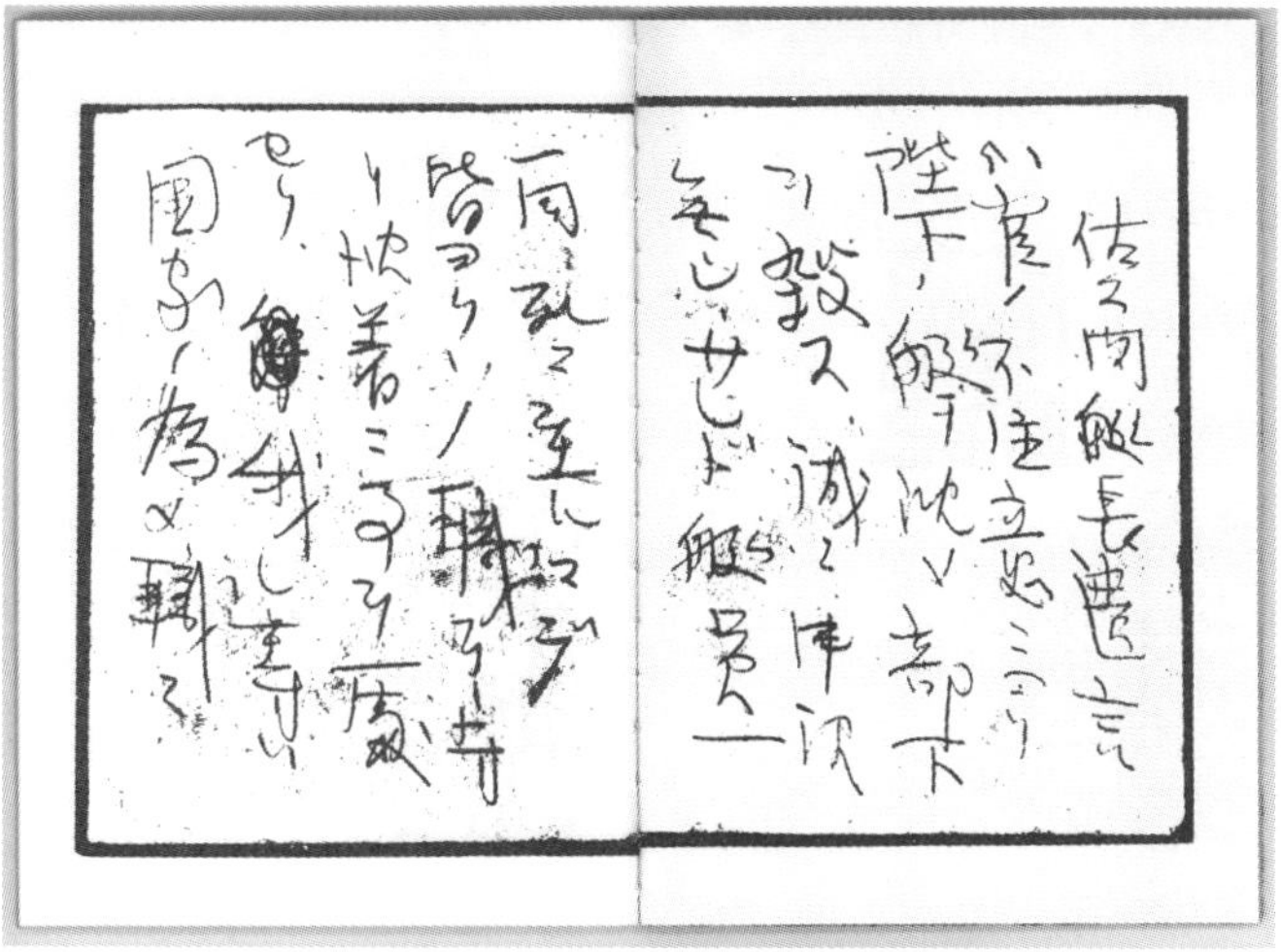
佐久間艇長遺言
小官ノ不注意ニヨリ
陛下ノ艇ヲ沈メ部下ヲ
殺ス、誠ニ申訳
無シ、サレド艇員一
同死ニ至ルマデ
皆ヨクソノ職ヲ守
リ沈着ニ事ヲ処
セリ 我レ等ハ
国家ノ為メ職ヲ

写真提供：若狭町教育委員会

『よく気付きました。実は、これは遺書です。手帳の文字はこの人が書きました。名前は佐久間勉。大日本帝国海軍の大尉です』と言って顔写真とプロフィールを紹介する。

佐久間 勉（さくま つとむ）
明治 12(1879) 年 9 月 13 日生れ　福井県若狭町出身
早くに妻を亡くし、子供は女の子が一人
写真提供：若狭町教育委員会

『この手帳の遺書はどんな状況で書かれたのでしょうか。資料を読みましょう』

【資料1】

佐久間勉は、潜水艇の艇長を務めていました。潜水艇とは、海に潜ったまま進む船のこと、今の潜水艦の小さなものです。

我が国が日露戦争に勝利して五年後のことです。明治四三（一九一〇）年四月十五日、佐久間艇長の第六潜水艇は潜航の演習をするために山口県の新湊《しんみなと》沖に出ました。

午前十時、演習を始めると、間もなく潜水艇が故障して海水が艦の内部に入り込みました。そして、後ろに大きく傾いて海底に沈んでしまったのです。

この時、佐久間艇長と乗組員十三人は、艇を浮上させようと、排水などできるかぎりの手段を尽くしましたが、艇はどうしても浮きあがりません。

その上、艇内の明かりは消え、エンジンの排気ガスがこもって、呼吸が困難になり、どうすることもできなく

佐久間艇長の第６潜水艇　写真提供：若狭町教育委員会

なりました。佐久間艇長は「もはやこれまで」と最期の決心をしました。
そこで、海面から水をとおして司令塔の小さな覗孔《のぞきあな》に入って来るかすかな光をたよりに、鉛筆で手帳に文字を書きつけはじめました。

◇資料1 ここまで◇

佐久間艇長は、どんな内容の文章を書いたと思いますか。

死を目の前にした時、人はどんなことを書き残すだろうか。我が身になって考えさせた。

○まだ死にたくない。
○子供のことをよろしく頼む。
○みんな今までありがとう。お世話になりました。
○遺産は□□にやる、とか？
○何を書いていいのか分からない。きっとパニクってしまう。

『佐久間艇長は、ものすごい呼吸困難の中で、半身を海水に浸かりながら遺言を書きました。かすかな光を頼りに、小さな手帳に三九ページにもわたって書き記したのです』

ページ数の多さに生徒は驚いていた。佐久間艇長はどんなことを遺言として残したのだろうか、謹んで拝読しよう。

【資料2】〔原文のカタカナ部分をひらがなに直した〕

佐久間艇長遺言

小官の不注意により 陛下の艇を沈め、部下を殺す、誠に申し訳なし

されど艇員一同、死に至るまで 皆よくその職を守り 沈着に事をしょせり

我れ等は 国家のため 職に斃《たお》れしといえども、ただただ遺憾とする所は

天下の士は これを誤り、もって将来、潜水艇の発展に打撃をあたうるに

至らざるよう 憂うるにあり

願わくば 諸君 益々 勉励もって この誤解なく

将来、潜水艇の発展研究に 全力を尽くされん事を

さすれば 我れ等、一つも遺憾とするところなし　（以下略）

そうするうちに、酸素が刻々と消費されていきました。ガソリンのガスが艇内に充満し、おそらく部下の乗組員は、一人また一人と絶命していったのでしょう。

こんな状況の中で、佐久間艇長は遺書の中で天皇陛下からいただいた潜水艇を沈めてしまい、部下を死なせるに至ったことを謝っています。そして、最後まで全員がその職務を守り続けたことを書き残したのです。

加えて、今回の事故により潜水艇開発の発展を妨げないように、との願いが書かれています。遺書はこのあと延々と続き、沈没の原因や沈没後の状況について、詳しく冷静に記録しています。

そして、以下のように続きます。

> 公遺言《こうゆいごん》
>
> 謹《つつし》んで陛下に白《もう》す　部下の遺族をして窮《きゅう》するもの無からしめ給《たま》わんことを　我が念頭に懸るもの　之《これ》あるのみ

佐久間艇長は公の遺言として、「部下の家族が困らないようにして下さい」と天皇陛下に特別な配慮をお願いしたのです。

続いて、上官や先輩、恩師の名を書きつらねて、別れを告げています。
遺書の最後は、

十二時三十分　呼吸非常に苦しい。ガソリンをブローアウトせししつもりなれども、
ガソリンにようた
十二時四十分なり

と記して終わっています。ここで佐久間艇長は意識を失い、そのまま亡くなったのでしょう。

三十歳の若さでした。

◇　資料2　ここまで　◇

『遺書には、佐久間艇長が死に臨んで、願い事が二つ書いてありました。何でしたか』

①事故によって（　　　　　）が遅れないようにして欲しい。
②事故死した部下たちの（　　　　　）が困らないようにして欲しい。

※正解は、①「潜水艇の発展・研究」②「家族の生活」

『死に直面した佐久間艇長に私的なお願いは一つもありませんでしたね。人の上に立つリーダーとはどういうものか、考えさせられます。

さて、このあと衝撃の事実が明らかになります』

【資料3】

沈没の二日後、ようやく潜水艇は引き揚げられました。この時、現地に駆けつけた遺族は遠くへ離され、立入りを禁じられました。なぜ、遺族を遠ざけたのでしょうか？

実は、外国での潜水艇事故では、ハッチを開いてみると、出口に乗組員たちが「死にたくない！」と殺到して死んでいることが多かったからです。それは、我れ先にと争った跡が歴然としていたり、苦しさのあまりノドをかきむしったりしているのです。そうした悲惨な光景を遺族に見せるわけにはいかないでしょう。

ところが、いざハッチを開いても、そこには誰の姿も見えませんでした。

「……？」。艇内の奥に入り、その内部の様子を見た関係者たちは思わず息を呑みました。状況を検分した吉川中佐は「よろしいッ！」と絶叫しました。そして、泣き崩れたのです。

なんと佐久間艇長は司令塔に、機関中尉は電動機の側に、機関兵曹《へいそう》はガソリン機関の前に…、と全乗組員がそれぞれの持ち場についた状態のまま絶命していたからです。

これは、十四人全員が、艇の修復に全力を尽くしたまま息絶えたことを示していました。

そして、佐久間艇長の手帳が遺体の上着のポケットから発見されました。死の直前に取り乱さず、後世のために遺書を記していたことに、世界中の人が驚きました。

英国の新聞『グローブ』は「日本人は体力上だけでなく、道徳上、精神上もまた勇敢であることを証明している。今にも昔にもこのようなことは世界に例がない」と驚嘆しました。

この事故は今では語られることもなく、佐久間勉の名前を知る日本人はほとんどいません。しかし、世界各国の潜水学校では尊敬すべき潜水艦乗りとして教育されています。

事故後に引き揚げられた潜水艇　写真提供：若狭町教育委員会

◇　資料3　ここまで　◇

『実は佐久間艇長は、武人の覚悟として以前から遺書を書いて、自分の机の中に置いていました。その遺書には「私的な」お願いが書いてありました。佐久間艇長は何を願っていたと思いますか。そこには、次のように書いてありました』

我れ死せば、遺骨は郷里において亡き妻のものと同一の棺《ひつぎ》に入れ混葬《こんそう》さすべし

佐久間艇長は軍人の常として死を覚悟していたであろうが、プライベートでは妻を愛し、良き夫であり、良き父親であったのだろうと思う。生徒もたいへん心を打たれたようである。

『佐久間艇長の死からおよそ一〇〇年経ちました。広島県では、毎年、慰霊祭が執り行われています。紹介しましょう』

【資料4】

「第六潜水艇殉難慰霊碑」がある呉《くれ》市の鯛之宮《たいのみや》神社では、毎年追悼式が行われています。呉市の各小学校では佐久間艇長と遺書のことを学び、感想文を書きます。その優秀作品を追悼式

で本人が朗読します。平成二三年に選ばれた呉中央小学校六年の谷川舞さんは、心に残ったこととして「沈んでいく船の中で、自分の持ち場を離れずに力を尽くしたこと」「自分のことだけを考えて行動しなかったこと」「みんなのことを思う佐久間艇長の思いやり」の三つを挙げ、東日本大震災に関して、次のように書いています。

《今、日本では、東日本大震災というかつてない大きな地震によって、たくさんの方々が大変な状況の中で生活をしておられます。その中でも、佐久間艇長さんのような方々がたくさんいることを思い出しました。食料を譲り合い、自分が持っている物を分けたり、子供や高齢の方を優先したり、自分も苦しいけれど、みんなのために譲り合う姿に心を打たれました。私がテレビで見た消防士の方は、津波が来るぎりぎりまで車で声をかけて回ったそうです。結果、亡くなられましたが、最後まで人を思いやっていた方のことが、ずっと心に残っていました。

　第六潜水艇の学習をして、この事故は百年も前のことですが、今の日本にもその心は受け継がれていることを感じました。私たちの未来にもこの日本のよさを伝えていきたいです。そのためには、自分のことだけを考えるのではなく、みんなのことを考え、責任をもって行動したいです。》

　一〇〇年後の日本の小学生の朗読を、佐久間艇長たち十四人の英霊は、どんな気持ちで聞いたでしょうか。

◇資料4　ここまで◇

今日の話のどんなことが強く心に残りましたか。自分の職務に対する佐久間艇長の姿勢や覚悟に照らして、今の自分はどうですか。

《授業おわり》

佐久間艇長の記した事故の記録は、後の潜水艇の技術向上に大きく寄与した。これに関連して、海外の評価として生徒に提供したいスピーチを紹介したい。平成十年の駐日イギリス大使館付武官ロバートソン大佐のスピーチである。

《今を去る八八年前、広島湾において第六潜水艇が遭難し、その結果、悲惨にも佐久間艇長以下乗組員すべてが殉職した事故について、皆さんはよくご存じのことと思います。私も潜水艦乗りの海軍大佐であり、これまでに三隻の異なった潜水艦長をした経験がありますので、佐久間艇長と艇員がいかに卓越した勇気と献身的責任感を示したかが、特によく理解できると信じております。

われわれ潜水艦に勤務する者は、勤務上準拠すべき安全規範を樹立するのに貢献して、尊い犠牲となられた初期の人々の勇気とお手本に、多大の恩恵をこうむっているのであります。

今日、海中に全没したら三か月以上の間、浮上しないでいられると考えられています。私が艦長をした原子力潜水艦では、このようなことはごくありきたりの行動でした。

われわれが機器の安全性と信頼性の上に立ってこのようなことができるという事実は、これらを可能にした佐久間艇長のような先人たちの勇気とお手本があったればこそなのであります。

この意味におきまして、私が佐久間艇長の勇気と職分意識と献身的責任感の驚嘆すべきお手本を、いくら高く賞讃してもし過ぎることはありません。

艇長と艇員の最後は必死、という最悪の事態において艇長がとった処置行動は、単に潜水艇のみならず、世界中の危険な職業に勤務するすべての人々の規範として存続しているのであります。

日本では、佐久間艇長をはじめとするこれら国際的に認められている英雄たちを大きな誇りとしておられます。皆さんが今後とも永く引続いて艇長を奉賛され、その卓越した模範的遺徳を顕彰されるようお祈りいたします。どうもありがとうございました。》

（福井県佐久間記念館での遺徳顕彰式にて。要約）

イギリス海軍では今も教訓として語り継がれている証拠であろう。また、アメリカでも、議会にある戸棚の一番目に独立宣言が掲げられ、続く四番目の戸棚に佐久間艇長の遺書の写しが英訳とともに掲げられてあるそうだ。

　生徒の感想である。

○最期まで潜水艇を浮き上がらせようとしてあきらめなかった。佐久間艇長をはじめ乗組員の人たちの責任感の大きさに驚いた。僕も見習いたいと思った。
○私だったら助かろうとして、仕事そっちのけで脱出を試みてると思う。佐久間艇長たちの意志の強さはすごい。このあと、佐久間さんの子供はどうなったのでしょうか。ちゃんと大人になったんでしょうか、心配です。
○すごい人たちでした。自分がその立場だったら冷静ではいられず、取り乱してしまうと思います。日本人の誇りです。自分ももっと責任感をもって勉強や部活を頑張ろうと思いました。
○はじめて知った。最後まであきらめない意志の強さを学んだ。なんでこんな立派な人が、今の日本であんまり知られていないのか。外国の方で有名なんておかしいと思った。

■参考文献

・『佐久間艇長の遺書』ＴＢＳブリタニカ編集部（ＴＢＳブリタニカ）
・『歴史の「いのち」』占部賢史（モラロジー研究所）
・「沈勇」（文部省『尋常小學修身書 巻六』）
・『死生天命―佐久間艇長の遺書―』足立倫行（ウェッジ）
・授業実践「道徳 人間は本能を超えられるか」飯島利一（國學院高等学校教諭）
・授業実践「佐久間勉艇長」小林義典教諭（ＴＯＳＳ ＳＡＮＪＯ）
・授業実践「日本人の気概を授業する～与謝野晶子と佐久間艇長」毛見隆教諭（ＴＯＳＳ兵庫）

福井県三方上中郡にある佐久間記念交流会館の内部
写真提供：若狭町教育委員会

9「柴 五郎中佐」勇気ある行動

会津藩の武士の家に生まれ、戊辰《ぼしん》の役で「逆賊」の子として家族もろとも辛い生活を余儀なくされた柴五郎。運良く陸軍幼年学校に入学し、軍人の道を歩むことになった柴五郎が、一九〇〇年に勃発した義和団事件で一躍、世界にその名をとどろかせた。一〇〇日の北京籠城戦で絶体絶命の危機の中、並みいる各国武官の中で最も信頼された柴五郎と最も称賛された日本兵の奮闘から、勇気を学ぶ授業である。

《授業はじめ》

下の写真を掲げ、この人物のプロフィールを紹介する。

氏名…柴 五郎

出身…福島県会津

柴五郎　写真提供：会津武家屋敷

生年月日…一八六〇年六月二一日
職業…日本陸軍の軍人

『どんな人だと思いますか？　第一印象でどうぞ』


「一見、怖そうだけど、本当は優しい人？」

「真面目そう。周りの人をまとめられそうな人」

「責任感がありそう」

「強そう」

「けっこう厳しそうな人」


『キリッと引き締まった顔ですね。いったい、どんなことをした人なのでしょうか』


【資料1】

明治三三（一九〇〇）年、清国（中国）の首都・北京で「義和団の乱」が勃発しました。のちに北清事変と呼ばれる世界を揺るがした大事件です。

「外国人を追い出せ！」と叫ぶ暴徒の大群が各国の大使館や公使館を取り囲み、外国人を殺害しはじめました。ドイツの公使が殺害され、日本公使館の職員も殺されました。

この混乱に乗じて、清国の権力者・西太后《せいたいこう》はあろうことか北京在住のすべての外国人を人質にとって、諸外国に宣戦を布告します。彼女の思惑は自分の権力を強めたかったことがひとつ、そして外国と結んだ不平等条約や租借地を一挙に無くそうと考えたのです。

清国軍と暴徒の包囲・攻撃を受けて、北京の公使館区域は、外国人九二五名、中国人クリスチャン約三〇〇〇名のあわせて四〇〇〇人が、一〇〇日間の籠城を強いられました。この時、北京に公使館を置いていたのは英・米・仏・露・独・墺《おう》（オーストリア）・伊・蘭・ベルギー・スペインの欧米十か国と日本でした。そのうち日本を含む八か国が護衛兵を持っていました。しかし、その数は、義勇兵を入れてもわずか四八一名に過ぎませんでした。

各国の艦隊から救援部隊が北京に向かいました。しかし、清国軍に行く手をはばまれ、退却してしまいました。そのため、各国の大使館と公使館は連合してこの籠城戦を戦ったのです。

この籠城戦で、日本公使館の武官・柴五郎陸軍中佐を指揮官とする海軍陸戦隊とボランティアの義勇兵は、少ない人数と武器で、最も広く重要な区域を死守することになりました。清国軍の数は義和団を含めてなんと四万人。増援は地方からいくらでも呼ぶ事が出来ました。

毎日、戦いが続き、この間、少しづつ外国人の命は奪われていきました。彼らは毎晩交代しながら眠り、銃撃戦を展開し、緊張が解けることはありませんでした。女性や子供も銃声に怯え、いつ殺されるかわからない恐怖の中で生活しました。徐々に食料も乏しくなり、衛生状態も悪くなって病人も続出しました。

◇　資料1　ここまで　◇

『柴五郎中佐率いる日本軍は、群がる数万もの清国軍や暴徒に囲まれました。この戦いは、どうなったでしょうか？　三択です』

（生徒の予想分布）

ア、各国の軍で協力して戦ったが、負けた。　→　七人

イ、各国の軍が柴中佐の指揮に従って戦い、撃退した。　→　十五人

ウ、英米の大軍が援軍に来て、救出してくれた。　→　十五人

『正解はあとで。その前に柴五郎中佐とはどんな人だったのか、見てみましょう』

【資料2】

柴五郎は、万延元（一八六〇）年、会津藩（福島県）の武士・柴佐多蔵《さたぞう》の五男として生まれました。

幕末の戊辰戦争で、江戸幕府に最後まで味方した会津藩です。明治新政府に敗れた会津藩士たちには苦難の人生が待ち受けていました。

戊辰戦争の時、柴五郎はわずか八歳でした。薩摩・長州を中心にした新政府軍が城下へなだれ込む直前、母親に命じられて避難していた五郎は助かりました。しかし、屋敷は焼失し、祖母・母・妹らは自決して死んでしまったのです。

敗れた会津藩士たちは、今の青森県最果ての地・斗南《となみ》藩へ強制移住させられることになり、五郎も父と兄弟とともに移っていきました。この時、五郎は十二歳になっていました。下北半島の斗南は冷涼でやせた土地しかありません。生活は辛酸《しんさん》を極め、草や木の根を食べて飢えをしのぐ有り様です。藩士たちの多くは飢餓のため、生死の境をさまよいました。

敗者に対する新政府のむごい仕打ちに、父の佐多蔵は常にこう言って叱責《しっせき》したといいます。

「『会津の武士ども、餓死して果てたるよ』と薩長に笑わるるぞ。生き抜け。ここは戦場なるぞ！」

十五歳になった五郎は上京し、陸軍の学校に入学します。五郎は士官学校を経て、軍人として頭角を現していきました。

薩長出身者によって要職を独占されていた時代にあって、五郎は武士の謙虚さと温情を持って人に接しました。常に敗者の気持ちに配慮して、多くの人々に慕われた会津人でした。

◇　資料２　ここまで　◇

『柴五郎中佐の生い立ちを知って、感想をどうぞ』

「やっぱり、優しい人だった」

「ずいぶん苦労したんだなぁと思った」

「お父さんの気合いがすごい」


『では、先ほどの問いに戻りましょう。義和団事件で柴五郎中佐と日本軍はどうなったのでしょうか』


【資料3】

さて、北京の籠城戦です。柴五郎中佐は北京城内と周辺の地理を調べ尽くし、広い情報網を持っていたので、各国軍の実質的な司令官になっていました。

『北京籠城』の筆者P・フレミングは次のように書いています。

《日本軍を指揮した柴五郎中佐は、どの士官よりも有能で経験も豊かであったばかりか、誰からも好かれ、尊敬された。当時、日本人とつきあう欧米人はほとんどいなかったが、この籠城を通じてそれが変わった。日本人の姿が模範生として、皆の目に映るようになった。日本人の勇気、信頼性、そして明朗さは籠城者一同の賞讃の的となった。数多い記録の中で、一言の

非難を浴びていないのは、日本人だけである》

籠城戦が長引くにつれて、柴中佐の指揮の見事さ、日本軍人の規律正しさや勇敢さ、粘り強さに対する賞讃と信頼の声は、だんだん連合国の将兵や外交官、居留民の間に広がっていきました。

柴中佐は英語とフランス語を自在にあやつって、連合軍の指揮官たちの意思の疎通をはかりました。戦闘計画の食い違いが起こると、皆は柴中佐の判断に従ったのです。

イギリス兵は世界で最も勇敢で強いと自負していましたが、彼らですら「日本人は我々以上だ」と認めざるを得ませんでした。

あるイギリス人義勇兵はとても人間業《わざ》とは思えない光景を見たと言って、こう語っています。

《隣の銃眼に立っている日本兵の頭部を銃弾がかすめるのを見た。真赤な血が飛び散った。しかし、彼は後ろに下がるでもなく、軍医を呼ぶでもない。「くそっ」というようなことを叫んだ彼は、手ぬぐいを取り出すと、はち巻の包帯をして、そのまま何でもなかったように敵の看視を続けた》

また、《戦線で負傷し、麻酔もなく手術を受ける日本兵は、ヨーロッパ兵のように泣き叫んだりはしなかった。彼は口に帽子をくわえ、かみ締め、少々うなりはしたが、メスの痛みに耐えた。しかも彼らは沈鬱な表情一つ見せず、むしろおどけて、周囲の空気を明るくしようとつとめた。日本兵には日本婦人がまめまめしく看護にあたっていたが、その一角はいつもなごやかで、ときに笑い声さえ聞こえた》

《長い籠城の危険と苦しみで欧米人、とりわけ婦人たちは暗かった。中には発狂寸前の人もいた。だから彼女たちは日常と変わらない日本の負傷兵の明るさに接すると心からほっとし、看護の欧米婦人は皆、日本兵のファンになった》

一方、救出に向かった日本派遣軍の司令官・福島安正少将に率いられた日本兵もずば抜けて勇敢に戦い、連合軍将兵をうならせました。

北京に住む清国人たちは日本軍を「義軍」として讃え、競って日本軍の占領下に入って来ました。これに先立つ六年前の日清戦争で見られた日本軍将兵の規律ある行動は、広く語り伝えられ、まだ忘れられていなかったのです。

こうして各国軍の攻撃も成功し、北京は解放されました。

◇　資料3　ここまで　◇

ここでは、あえて教師から柴中佐や日本兵の活躍を誉め讃えたり、余計な解説をせずに、事実をそのまま確認するにとどめた。しかるに、生徒は柴五郎の高い指導力や日本軍の勇敢さと優しさに感心しきりであった。

【資料4】

北京解放後のことです。柴中佐による民政と治安の維持はすばらしいものでした。清国兵は追い払ったものの、暴徒や略奪者が横行し、北京は恐ろしい町となっていました。その中で、いち早く治安を回復したのは、やはり「日本軍占領区域」でした。日本軍は横行する強盗らを捕えて厳罰に処しました。また、暴行・略奪をした外国人兵士を捕えると、彼らの軍司令部に突き出しました。そのため多くの市民が、他国の占領区域から日本区域に移り住み、町は日に日に復興していきました。

また、柴中佐と福島少将は、清国政府の国益を守るためにも奮闘しました。清国の皇族で実力者の慶親王に「一刻も早く北京に戻り、諸外国と交渉を始めなければ、清国はその独立が危ない」と使者を送りました。

案の定、そうしているうちに、北京攻略戦には一兵も参加しなかったドイツが続々と大軍を送り込んできました。そして、上海などの他の都市で略奪を始めたのです。

一方、混乱に乗じて全満州を制圧したロシアは、中国全体を掌中に収めようと画策を始めました。先の慶親王の誘拐計画です。幸い、これを察知したイギリス公使マクドナルドが日本軍と協力し、慶親王は柴中佐の率いる騎兵に守られて、北京に帰ることができました。

しかし、このあと開かれた清国と連合国の賠償会議はえんえんと続きました。この時、最大の賠償金を吹っかけたのはロシアでした。一番少なかったのが我が国で、五千万円です。イギリスが日本の五倍（出兵数の比で見ると日本の次に低額）、戦後になってどっとやってきたドイツはイギリスの二倍、わずかな兵を出しただけのフランスも日本の二倍（出兵数の比では日本の一〇〇倍）を要求したのです。

柴中佐たちの心配は的中してしまいました。義和団の暴動に乗じて自分の政治権力の強化をはかった西太后は、高い代償を払うことになったのです。不平等条約や租借地を無くしたいのなら、それが条約で決められたものである以上、我が国のように「条約改正」の外交努力をするほかありません。それが国際社会のルールです。

北清事変の後、柴中佐と日本兵は各国政府から勲章を授与されました。

当時、籠城していたイギリス公使はこう書いています。

「日本兵が最も優秀であることは確かだし、ここにいる士官の中では柴中佐が最も優秀とみなされている。日本兵の勇気と大胆さは驚くべきものだ。我がイギリス兵がこれに続く。しかし日本兵はずば抜けて一番だと思う」

ロンドンタイムスは社説で「籠城中の外国人の中で、日本人ほど男らしく奮闘し、その任務を全うした国民はいない。日本兵の輝かしい武勇と戦術が、北京籠城を持ちこたえさせたのだ」と誉め称えています。

柴中佐と日本軍の活躍で、我が国は国際社会での地位を大いに高めました。その甲斐あって、我が国は日英同盟を結ぶことに成功します（一九〇二年）。このニュースは世界を驚かせました。なぜなら、それまで栄光ある孤立と称し、どこの国とも軍事同盟を結ぶことを拒否してきた誇りある大英帝国が、有色人種の日本と対等な同盟を結んだのですから。こうして我が国はついに、世界の一等国と肩を並べることになったのです。

その後、日露戦争の勝利、第一次世界大戦への参戦など、日本の国際的地位の向上とともに、柴五郎は昇進を重ね、六一歳で陸軍大将となります。「賊軍」とレッテルを貼られた会津出身者として、その汚名をそそいだのです。

退役した柴五郎は、会津出身者の支援事業に力を尽くしました。毎朝、自分で布団をたたみ、雨の日も風の日もどんなに寒い冬でも外で体操をしてから、浴室で身を清めます。それから自宅の裏山を登って、戦死した部下の霊を祀った忠魂碑に手を合わせるのです。

昭和二十（一九四五）年八月十五日、八七歳の五郎はラジオの前で姿勢を正して、大東亜戦争（太平洋戦争）の敗戦を告げる天皇陛下の玉音放送を聞きました。

よく聞き取れなかったらしく、「陛下は何と仰せられた」と訊くと、娘が「日本は負けたらしゅうございます」と答えました。五郎は二度深く頷くと、しばし瞑目。そして裏山の忠魂碑の前に額《ぬか》づきました。その眼からは涙が止めどなく流れ落ちていました。

その一か月後、五郎は身辺を整理し、自決します。一命は取りとめたものの、その年の十二月十三日、亡くなりました。

◇　資料4　ここまで　◇

柴中佐はどうして清国に対して資料のような行動を取ったのでしょうか。

○昔、会津で負けてむごい仕打ちを受けたから、敗者の苦しみを知っていたのだ。
○自分が会津出身で弱い立場だったから弱い国のことも考えることができたので、どの国にも優しく接したのだろう。
○日本の軍人たちは、何か外国人にはないものを持っているのではないか。
○中国も日本のような近代国家になってもらいたいと思っているから、早く立ち直ってほしかったのでは。

柴五郎の人格と業績を知ってどう思いましたか。
また、柴五郎にあって、自分にないものは何ですか。

《授業おわり》

生徒の感想をどうぞ。

○私はこのプリントを読んで、今まで自分が大きな勘違いをしていたということに気付きました。「大きな勘違い」とは、昔の日本人に対するイメージです。私は、昔の日本人はたくさん悪いことをしてきた、というような話を何回も聞かされました。そのおかげで、昔の日本人（戦時中の）に対する私のイメージは悪いものでした。しかし、日本兵たちはそんなにも否定されるようなことをしていない事実を知りました。

日本という国は、今とても情けない国になりつつありますが、昔は他国からも高く評価されるような立派な国であったということに誇りを持つと同時に、まだ本当の歴史を知らない人に「昔の本当の日本の姿」を知ってもらいたいと思いました。そして、それを私たちは見習わなければならないと思いました。

○欧米が世界を支配していた中で、柴五郎中佐の見事さで、日本の国が世界に高く評価されたことに感動した。柴中佐の指揮に加え、義和団の籠城戦で日本軍人が見せた規律の正しさや勇敢さ、粘り強さが認められたことに誇りを感じる。家にあって最近読んだ本に藤原正彦の『国家の品格』がある。その中に、慈愛・誠実・忍耐・正義・勇気・惻隠という武士道精神が書いてあったが、柴中佐を知った時、これを思い出した。惻隠とは、他人の不幸への敏感さの意味だ。僕たちに必要なものだと思った。
○敗者の気持ちに配慮することが、自分にはなかったと思う。自分が嫌だったことやつらかったことは、他人には絶対にしないこと。そして、つらそうにしている人を見たら早く助けてあげようとすること。なかなかできないことです。
○優しさとか、心の広さ、勇敢さが自分にはない。柴五郎は本当に勇敢だと思う。みんながつらい時に勇気づけられる本当にすごい人だと思う。こんな人になれたらいいなぁ。
○勇気、人徳。柴五郎の持つものは、自分にはほとんど無いと思った。すばらしい人だ。男らしくかっこよく生きている人だった。自分も柴五郎中佐みたいな人生を生きてみたい。
○私にないものは勇気とか他人を受け入れる気持ち。誰にでも心をつくせば、みんなが自分についてきてくれるんだと思いました。

　敗れし者の心の痛みを良く知るからこそ、思いやりの心を把持することができ、したがって勇気ある行動もとれるのだ、ということを理解したようである。

　授業をするに先立ち、柴五郎の心の深いところを理解するために知っておくべきエピソードがある。私は大きく心を揺さぶられた。会津人の心の機微は察するにあまりある。柴五郎の少年時代、戊辰の役前夜のことである。

【陸軍大将・柴五郎の追憶】（葦津珍彦『天皇—昭和から平成へ』より抜粋要約）

会津藩では慶応四年の春のころには、朝敵として天下の大軍を迎へて、敗戦を覚悟で戦わねばならないと武家の子女たちも予期してゐた。柴五郎が、その年の「ひな祭り」の印象的な風景を書き残してゐる。彼の母は、緋の布をしいて段を設け、内裏様、三人官女、五人囃子など華やかにならべて、優雅なぼんぼりに明かりをつけた。世情は騒がしさを感じさせたが、家の内は例年のとほりの華やかな、しかも静かな風景だった。

幼少の五郎は、ひな段の前で聞いた。

「母上、内裏さまは天子様と聞くが誠ですか」と。母は子の眼を見つめて、ただうなづいた。五郎は天子様を、このように祭り敬ってゐるのに、なぜ会津が朝敵として討たれねばならないのかと質したかったけれども、その時の母の表情にきびしさを感じて、黙ってしまったと追憶してゐる。

この母は会津落城にさいして、その子に家を継がせ、会津の名誉回復の使命を果たさせるべく田舎へ疎開させた。そして自らは家に火を放ち、娘を刺して武夫も及ばぬけなげな最後の自刃をとげた。この最後の日を期してのかの女の、くる日、くる日の生活の記録は、名門会津藩の文化を想わせて、いとも優しくして静かである。

彼女は「朝敵」の汚名を浴びせられても、それは第一義的政治党派の悲劇的な混乱のためで、お内裏さまは、天下の祭り主として、やがては会津藩の名誉も回復して下さる日の必ず来ることを確信した。だからこそ、落城と自刃を予期しながらも「ひな祭り」のお内裏さまを拝んだし、幼い子にその名誉回復の使命を託して彼岸へ行った。

ただ華やかにひな段を作り、ぼんぼりに明かりをつけて、子らとともにお内裏様に手を合わせて祈った。子供の質したいことを敏感に察したが、未だ学ぶところの少ない子らに愚痴などはいはない。ただ優美な顔に一瞬きびしさを示して、その子の晩年にいたるまで消え去りがたい深い痛切のセンスを教へた。ここに日本武士の本当の教育がある。優雅にしてきびしい母の眼ざしは、彼の長い生涯の導きとなった。

■参考文献
・『ある明治人の記録―会津人柴五郎の遺書』石光真人（中公新書）
・『守城の人―明治人柴五郎大将の生涯』村上兵衛（光人社NF文庫）
・『天皇―昭和から平成へ』葦津珍彦（神社新報ブックス）
・『北京籠城日記』柴五郎、服部宇之吉（東洋文庫）

10「上杉鷹山《ようざん》　為《な》せば成る」誠実・責任

何ごとも誠実に取り組むことが着実な前進をもたらすのだということを、上杉治憲《はるのり》（鷹山）の生涯から学ぶ授業である。

《授業はじめ》

『一九六一年のことです。第三五代アメリカ大統領に就任したジョン・F・ケネディは、日本人記者から「日本で最も尊敬する政治家は誰か？」と質問されました。ケネディは何と答えたでしょうか。四択です』

ア、徳川家康　イ、豊臣秀吉　ウ、上杉鷹山《ようざん》　エ、伊藤博文挙手させると、徳川家康が人気第一位であった。鷹山を選んだのは一人。正解を読もう。

【資料1】

ケネディ大統領は、こう答えました。

「UESUGI　YOZAN」

日本人記者たちは誰一人、上杉鷹山を知らず、「ヨウザンって誰だ!?」と慌てたというエピソードが残っています。上杉鷹山とは、どのような人物なのでしょうか。そして、なぜケネディ大統領は鷹山を尊敬していたのでしょうか。

初代の上杉謙信から第十代目、米沢藩（山形県）の藩主が上杉治憲です。鷹山と号しました。寛政の改革で有名な老中・松平定信は、彼のことを「三百諸侯第一の賢君」と高く評価しました。また、明治時代のキリスト教思想家で文学者の内村鑑三は、「理想的な君主の代表」としています。

上杉鷹山は、寛延四年（一七五一）七月二十日、宮崎県の高鍋《たかなべ》藩二万七〇〇〇石・秋月《あきづき》家の次男として生まれました。幼少の時から優秀との評価を得ています。

九歳の時、米沢藩主・上杉重定《しげさだ》の娘幸姫《よしひめ》（十七歳）と結婚することを前提に、鷹山は上杉家の養子に迎え入れられました。

小藩の次男だった身から、殿様として十五万石の大名家を継ぐことになったのです。

上杉家は、越後（新潟県）の戦国武将・上杉謙信を祖とする名門です。かつては一二〇万石を持つ大大名でした。しかし、徳川家康と対立したことから、一二〇万石から三五万石に削られてしまいました。さらに、三代目の藩主が子供のないまま急死したため、お家の断絶はまぬがれたものの、領地を半分の十五万石に減らされてしまったのです。

石高が、もとの八分の一になったにもかかわらず、殿様は五〇〇〇人の藩士を解雇しないで守ったため、藩の財政は非常に苦しくなりました。一年間の支出に対し、収入はその半分ほどです。不足する分は借金でまかなうしかありません。米沢藩の財政は、破綻の寸前でした。鷹山が藩主を引き継いだのは、このような厳しい時だったのです。

一七六七年の春、十七歳で正式に跡を継ぐことになった鷹山が、初めて米沢に入国する時のことです。だいたいこうした晴れやかな場合には、行列を派手にするのが通例です。しかし、

「三百諸侯第一の賢君」と讃えられた上杉鷹山
画像提供：米沢市上杉博物館

鷹山の大名行列はとても質素でした。一目で貧乏な藩だということがわかりました。

行列が峠道にさしかかったところ、突然、鷹山は乗っている駕籠を止めさせました。しかし、戸は閉まったまま、中も静かなままです…。

不思議に思ったお付きの家臣が「殿、いかがなされました？」と戸を細めにあけると、薄暗い駕籠の中で鷹山は顔を伏せ、じっとしています。目をこらして見た家臣は、ぎょっとしました。

◇　資料1　ここまで　◇

『暗い駕籠の中で顔を伏せて、鷹山は何をしていたのだと思いますか。駕籠の中の鷹山がどんな気持ちでいるのか、想像して下さい』

「悲しくて泣いていた」「このまま行くか、帰るか迷っていた」「黙想して心を落ち着かせようとしていた」

【資料2】

薄暗い駕籠の中で、鷹山は何をしていたのでしょうか。

鷹山は、手を暖めるために置いてある火鉢に顔を近づけていました。今にも消えそうな小さな小さな炭にともる火を、煙管《きせる》（たばこを吸うパイプ）でしきりに吹いて、火を起こしていたのです。

家臣があわてて、「ご無礼つかまつりました。今すぐ新しい火を」と言うと、鷹山は「いや、よい。よいのだ」と駕籠をすぐに出させせました。

その夜、宿舎で家臣が昼間の一件を質問しました。

「なぜ、あのようなことをなさっていたのですか」

鷹山は、「火の消えかかった上杉家を果たして私に吹き起こせるかどうか…。なかなかの苦労だったが、起こせた」と答え、次の一首を示しました。

『受けつぎて 国の司《つかさ》の 身となれば 忘れまじきは 民の父母《ちちはは》』

国を受け継いで藩主の身になったからには、自分は領民たちの父であり、母であるという思いを忘れずに政治をするぞ、という意味です。

若い藩主の決意の大きさを知った家臣たち。翌朝の出発時、みんなの顔は輝いていました。

◇ 資料2 ここまで ◇

『この時、鷹山は十七歳。君たちよりちょっと先輩ですね。やる気満々の青年藩主です。では、鷹山の政治を見ていきましょう』

【資料3】

鷹山の政治の第一は行政改革です。まず、大倹約令を発して藩財政の立て直しをはかりました。鷹山は、自分の生活費を七分の一に切りつめ、奥女中五十人を九人にし、食事は一汁一菜、着物も木綿にして自ら節約の手本を示しました。また、「民の父母」としての根本方針を次の「三助」の精神としました。

①自分を自ら助ける「自助」②地域が互いに助け合う「互助」③藩が援助する「扶助」。

鷹山は、領民の「自助」のために産業を奨励しました。年貢を軽くして、荒れ地を開拓した者には三年の間、年貢を免除し、肥料や農具を配布します。そして、村を管理する代官に優秀な人材を登用しました。鷹山は村をよく巡回し、生産を上げた者に褒美を与えています。

また、米作以外にも漆《うるし》、楮《こうぞ》（紙を作る）、桑（蚕を飼い、生糸を紡ぐ）、紅花（染料）など高く売れる商品作物の栽培を積極的に進めました。何と鷹山は、藩士にも、自宅の庭でこれらの作物を育てることを命じます。「武士に百姓の真似をさせるのか！」と強い反発もありましたが、鷹山が自ら率先して、お城で栽培してみせたのです。ほかにも数々の家内工業を奨励していま す。

一方、凶作に備えて米を備蓄していたので、天明の大飢饉でも餓死者を出しませんでした。

さて、米沢城下の松川にかかっていた福田橋は、たいへん傷んでいましたが、修理費が無く、そのままになっていました。この橋を、ある日突然、二十～三十人の武士が修理を始めたのです。もうすぐ鷹山が参勤交代で江戸から帰ってくる頃でした。

「橋がこのままでは、領民の不便を思った殿は心を痛められるであろう。それなら、自分たちが橋を直そう」と、下級武士たちが立ち上がったのでした。

「侍のくせに、人夫《にんぷ》の真似をして…」と笑う声を無視して、武士たちは作業にうちこみました。

やがて江戸から帰ってきた鷹山は、修理が完成した橋と集まっていた下級武士たちを見て、突然、馬から降りてしまいました。

◇　資料3　ここまで　◇

完成した橋を前に、鷹山はどうして馬から下りたのだと思いますか。


「新しい橋を近くで見たかったから」

「みんなに御礼を言おうと思って馬から下りたのではないか」


【資料4】


鷹山は言いました。

「お前たちの汗とあぶらがしみこんでいる橋を、どうして馬に乗って渡れようか」

鷹山はそのまま、歩いて橋を渡ったのです。武士たちはとても感激しました。一方の鷹山は、家臣たちが「自助の精神」からさらに進んで、百姓や町人のためにという「互助の精神」を実践したのを喜んでいました。

かつて米沢では『双子三つ子は親殺し』と言い、一人は間引いて殺したといいます。その原因は、貧しさにありました。鷹山は何とか六千両の資金をつくり出し、子供を育てられない人々に与えることにしました。ある家に双子の姉妹が生まれたことを聞いた鷹山は、大急ぎで家臣に祝いの品を持たせて訪問させました。困り果てた父親と泣いていた母親はたいへんに驚きました。これが先例となって、米沢で「間引き」はなくなりました。十数年後、この時の双子が成長して母親となった時、そろって鷹山にあいさつに行きました。「昔、姉妹のうちどちらかが死んでおりました。今、二人そろって母親となり、ありがたさがひとしお身にしみております」とのお礼に、鷹山はにっこりと微笑んだといいます。

さらに鷹山は、九十歳以上の者には亡くなるまで食べていける生活費を与え、七十歳以上の者には村が責任をもって世話をすることと決めます。加えて、老人を大切にする親孝行者には褒美を与えました。

鷹山は国を治める根本は道徳の確立にあると考え、教育にも力をそそいでいます。自分の領国から死刑囚が出た時、鷹山は大罪人を自分の領内から出してしまったことを自分の責任と考え、処刑の当日は慎しみ深く過ごしたそうです。こうした鷹山の業績は、幕府から「美政《びせい》である」として三度も表彰を受けました。

実を言うと、鷹山の妻・幸姫は脳障害があり、心身ともに発育が遅れ、少女同然だったそうです。幸姫は三十歳の短い生涯でしたが、鷹山は彼女をいつくしみ続け、二人は仲睦まじく暮らしました。鷹山が幸姫を相手に折り紙や人形遊びをする姿を見て、お付きの女中たちは涙を流したといいます。

さて、鷹山は何と三五歳の若さで隠居してしまいます。跡継ぎは、前藩主の子の治広《はるひろ》に譲りました。その時、治広に贈ったのが「伝国《でんこく》の詞《ことば》」です。

一、国家は先祖より子孫へ伝えるものであって、藩主のものではない。
一、人民は国家に属すものであって、藩主のものではない。
一、国家や人民のために藩主を立てるのであって、藩主のために国家人民があるのではない。

この「国を治める心得三カ条」は、上杉家代々の家訓となりました。

隠居した鷹山ですが、まったく引退してしまったわけではありません。新藩主の治広をバックアップし、後に次代藩主となる斉定《なりさだ》も指導しました。そして、文政五（一八二二）年二月、病に倒れた鷹山は三月十二日の朝、静かに息を引き取りました。七二年の生涯でした。埋葬の当日、数万の人々が沿道に棺《ひつぎ》を拝みに集まりました。領民の泣き声が山野に満ちたといいます。

◇ 資料4 ここまで ◇

『鷹山の業績で最も感心したことは何ですか』

政治のリーダーとして、あるべき姿勢を理解させる発問である。

「双子を助けたこと」「何よりも自分が率先して改革に取り組んだこと」「自らが手本を示したことは偉い」「農民たちの生活を第一と考えて政治をしたこと」「国や人民のために藩主がある、としたこと」「障害を持っている奥さんを大切にしたこと」

【資料5】

鷹山の死後、数十年たって二つの文書が神社から発見されました。十七歳で藩主になった直後、鷹山がその決意を書いて春日社《かすがしゃ》と白子《しらこ》神社に密かに奉納した誓いの文書です。この文書の存在を全く知らなかった人々は、鷹山の覚悟を知って心を打たれました。

春日社のものは自分自身を律したもので、「文学・武術を怠らぬこと、民の父母である心構えを第一にすること、質素倹約を忘れぬこと、言行を一致させること、賞罰に不正がないようにすること」など神に誓ったものでした。白子神社のものは、「国が衰え、人々が困っているが、必ず復興したい。その決意を怠るようなことがあれば神罰を下していただきたい」という内容の誓い文でした。

◇　資料5　ここまで　◇

『上杉鷹山が詠んだ歌です』といって、板書し、これを書き写させる。

為《な》せば成《な》る　為さねば成らぬ　何事も　成らぬは人の　為さぬなりけり
（人間、やれば必ずできる。やらなければ何事もできない。
できないと嘆くのは、自分がやらないからである）

鷹山の歌はどうですか。今日の自分に照らして、どのように活かせますか。

《授業おわり》

十七歳から七二歳まで、休むことなく藩政改革に取り組み続けた鷹山の生涯を知った生徒の感想である。

○とてもすばらしい歌だと思う。正しいことを言っている。僕もいつも前向きに考えていきたい。

○今までの自分は、やらずにあきらめたことが何度もあった。もっとやろうと思うことが必要だ。

○私や他の人もやらないであきらめてしまう人が多いと思います。これからは自分から何事にも挑戦していこうと思いました。

○何事もやる前からあきらめてはダメなんだなぁと思った。まずはやることだ。

○今の自分は、歌の最後の部分に当たるなぁ。何も努力していないのに「出来ない」とあきらめていることがたくさんある。鷹山が詠んだ歌のように何度もチャレンジしてみようと思った。

○ケネディが鷹山を尊敬していたことは知っていたけど、こんなにものすごい人だとは知らなかった。基本ですよね、これは。やらないんだから出来るわけがない。簡単そうで難しい。私もそうでありたいですね。

○勉強の時、これを思い、頑張ろうと思います。やる気があれば、必ず良い結果が出るんだと思いました。

■参考文献

・『人物叢書　上杉鷹山』横山昭男（吉川弘文館）
・『上杉鷹山のすべて』横山昭男 編（新人物往来社）
・『代表的日本人』内村鑑三（岩波文庫）
・授業実践「日本史授業『上杉鷹山』」飯島利一（國學院高等学校教諭）

11 「ユダヤ人を救え　樋口少将と犬塚大佐」差別偏見の克服

近年、道徳や社会科、英語科等の教科書で杉原千畝《ちうね》氏の偉業が取り上げられるようになってきたことは好ましいことである。しかしながら、杉原氏の「命のビザ」の物語は、これ単独では成立し得ない。杉原氏以前から、我が国の国是に則った大きな背景がある。

戦後、抹殺されてきた秘話を通して、正義と人種平等の尊さに気付く授業である。

この生徒たちには、すでに「杉原千畝～正義と人道の物語」と題した授業を実施している。

《授業はじめ》

一枚の写真を提示する。

リトアニア・カウナス日本領事館での杉原千畝
© NPO 杉原千畝命のビザ

『この人物は誰でしたか』

「杉原千畝です」

『何をした人でしたか』

「ヒトラーの迫害からユダヤ人を助けた人です」「『命のビザ』を書いた外交官です」

『そう、六千人にのぼる亡命ユダヤ人の命を救った外交官でしたね。一九三三（昭和八）年、ドイツではヒトラーのナチス党が政権を取りました。

ヒトラーは反ユダヤ政策を進め、ユダヤ人はナチスからひどい迫害を受けるようになります。ドイツの支配下にいるユダヤ人は、このままでは強制収容所送りになって殺される運命にありました。しかし、当時のヨーロッパでユダヤ難民を受け入れる国はなかったのです。自由の国アメリカでも経済的に貧しいユダヤ人の受け入れは拒否していました。

このユダヤ人の国外脱出に際して、ビザを発行したのが日本の外交官・杉原千畝でしたね。「命のビザ」をもらったユダヤ人たちは、まず満州をめざしました。シベリア鉄道を使って満州まで行けば、そこから船で日本やアメリカに逃げることが可能だったからです。ところで、当時、ユダヤ人の命を救った日本人は杉原さんだけだったのでしょうか』

【資料1】

満州は今の中国東北部です。昭和のはじめには、すでに二十万人の日本人が満州に暮らしていて、その日本人を保護し、南満州鉄道（満鉄）を警備するために日本軍（関東軍）が派遣されていました。しかし、満州の日本人は共産主義のゲリラや匪賊《ひぞく》（盗賊集団）などからさまざまな嫌がらせを受け、その権利を侵されていたのです。これを回復しようと関東軍は昭和六（一九三一）年に満州事変を起こしました。翌年、この地には満州国が成立しました。

昭和十三（一九三八）年三月、まだ寒いある日、樋口少将のところへ部下が駆け込んできました。

日本陸軍の**樋口季一郎**《ひぐちきいちろう》少将は、満州のハルビン市で特務機関長をしていました。

「機関長！たいへんなことが起こりました」

「どうした、そんなにあわてて！」

部下の説明によると、満州と国境を接するソ連のオトポール駅で、ナチスの迫害から逃れてきたユダヤ人が、満州国に入れてもらえずに立ち往生しているというのです。吹雪の中、野宿同然の状況のままにおかれているユダヤ人の数は、何と二万人！

このオトポール駅はヨーロッパとつながるシベリア鉄道のアジア側の終点です。身の回りの物だけを持ってようやくたどりついたユダヤ難民たちの食糧はすでに尽き、飢えと寒さで凍死者が出はじめています。なにしろ、この地域の気温は三月でもマイナス三十度の極寒なのです。

なぜ、満州国はユダヤ人の入国を拒否しているのでしょうか。満州国は日本と親密な関係にありました。その日本はドイツと同盟国です。ここでユダヤ人を満州国へ入れるとドイツ側から抗議を受けて満州国の立場が悪くなってしまうかもしれません。したがって、友好国のドイツに遠慮した満州国政府が入国を拒否したのでした。

しばらくすると、医師でハルビンユダヤ人協会会長のカウフマン博士が樋口少将を訪ねてきました。

「もうご存じでしょうか。オトポールのことを…」

「いま、話を聞いたところです」

樋口季一郎少将
芙蓉書房出版『陸軍中将樋口季一郎回想録』より

「樋口さん！　助けてください」

樋口少将は迷いました。このまま何もしなければ、ユダヤ難民は凍死してしまいます。しかし、もし助ければ友好国ドイツの政策に逆らうことになり、職を辞すことになるかもしれません。樋口少将はどうしたと思いますか…。

しばしの間、瞑目していた樋口少将は決断しました。

「博士！　ユダヤ人難民を助けましょう。すべての責任は、私が引き受けます。博士は難民

シベリア鉄道とオトポールの位置

の受け入れ準備に取りかかってください」

「樋口さん！　ありがとう」

カウフマン博士は声をあげて泣きました。

樋口少将は、即座に満鉄の総裁・松岡洋右《ようすけ》（後の外相）に連絡して特別列車を運行させました。

ユダヤ人の多くは満足に歩けない状態でした。オトポール駅から満州の国境まで数百メートルです。そこには満鉄の日本人職員が待ち構えていて、「頑張れ、もう一息だ！」と叫んでいました。出迎えた職員たちは、歩けないユダヤ人を背負って列車まで連れて行きました。こうして、すべてのユダヤ人が救出されたのです。

その二日後、特別列車の第一陣がついにハルビン駅に到着しました。痩せたヒゲだらけの顔が列車の窓に並んでいるのを見て、出迎えの人々からどよめきの声があがります。列車が停止すると救護班の医師がまっさきに車内にとびこみました。病人や凍傷で歩けなくなった人たちがつぎつぎにタンカで運び出されます。

満州国周辺地図

「ようこそ、ご無事で…」

ホームのあちこちで肩を抱き合い、泣き崩れるユダヤ人たち。やつれた幼児たちもミルクの入ったビンを見ると、泣き出しました。

「よかった。本当によかった」

数時間後、樋口少将はオトポールの難民すべてが収容されたという報告をうけました。凍死者が十数人出たものの、病人と凍傷患者二十数名を除いた全員が無事でした。もし、救援があと一日遅れていたら、この程度の犠牲者ではすまなかっただろうと医師たちは言いました。

助かったユダヤ難民は日本やアメリカへ渡り、残りの人たちはこのハルビンの開拓農民として生活していくことになりました。

日本に着いたユダヤ人に対して、日本人は暖かく迎えました。在日ユダヤ人と協力して神戸に受け入れ施設が作られました。日本警察も乏しい食糧事情の中で、トラック何台ものジャガイモをユダヤ人に贈っています。

このオトポール事件が落着して二週間後、恐れていたことが起こりました。ドイツ政府から抗議文が送られてきたのです。

関東軍の司令部は樋口少将を呼び出しました。この時の樋口少将の上官は東条英機（のちに首相）参謀長です。

東条参謀長は「あなたの言い分を聞かせてもらおう」と迫りました。

◇　資料1　ここまで　◇

樋口少将は東条参謀長に何と答えたでしょうか。

自分が樋口少将になったつもりで答えて下さい。

○日本人として当たり前のことをしただけです。
○人道的におかしいことだから助けたのだ。
○目の前で人が死にそうになっているんです。見殺しにはできないじゃないですか。
○人助けに理由なんて必要ですか。

『みんな、立派な弁明ですね。では、樋口少将は何と返答したのか見てみましょう』

【資料2】

樋口少将は東条参謀長に次のように答えました。

「はじめにはっきり申し上げておきます。私のとった行動は間違っていません。たしかにドイツは日本の同盟国ですが、そのドイツのやり方がユダヤ人を死に追いやるものであるなら、それは人道上の敵です。そんなものに日本と満州が協力するなど由々しき問題です。私は日本とドイツの友好を希望します。しかし、日本はドイツの属国にあらず！　言いなりになってはいけません。また、満州国も日本の属国ではないと信じているので、私は満州国代表部に忠告したのです」

東条英機・関東軍総司令部参謀長
写真：国立国会図書館蔵

樋口少将は、東条参謀長の顔を正面から見据えて言いました。

「東条参謀長！　ヒトラーのお先棒をかついで、弱い者いじめをすることを、正しいとお思いになりますか」

東条参謀長は天井を仰ぎ、こう言いました。

「樋口君、よく分かった。君の主張はちゃんと筋が通っている。私からも中央に対し、この問題は不問に付すように伝えておこう」

こうして、日本はドイツからの抗議を「当然なる人道上の配慮によって行ったものだ」と一蹴したのです。

その後も続々と押し寄せるユダヤ人のために、満鉄は無料で輸送を続けました。杉原千畝さんがいくらビザを書いたとしても、満州国で止められれば「命のビザ」は意味をなしません。このオトポールでのユダヤ人入国の既成事実があったからこそ、杉原ビザは生きたのです。

数年後、転勤で樋口少将がハルビンを去る日のことです。駅には二千人近い群衆が集まりました。樋口少将が土地や住居を世話したユダヤ難民たちでした。遠く数十キロの奥地から馬車をとばして駆けつけたユダヤ人もいます。

樋口少将の乗った列車が動き出すと、群衆はホームになだれ込み、「ヒグチ！」「ヒグチ！」「ヒグチ！　バンザイ！」の声がいつまでも響きました。

オトポール事件から約七年後、大東亜戦争（太平洋戦争）の末期のことです。ソ連は中立条約を破って突如侵攻してきました。これを撃退した樋口少将はソ連に恨まれ、終戦後に戦争犯罪人として裁判にかけられそうになります。どうなったでしょうか…。

樋口少将を救ったのはユダヤ人たちでした。

「命の恩人ヒグチを救え！」

「ヒグチに恩を返すのは今しかない！」

世界ユダヤ協会が世界中のユダヤ人に連絡して、アメリカ政府に働きかけ、樋口少将をリストから外させたのです。

◇　資料2　ここまで　◇

『亡命ユダヤ人の受け入れに力を尽くした日本人はまだたくさんいます。その一人を紹介しましょう。こちらは海軍の軍人です』

【資料3】


戦時中、ビザが無いユダヤ難民でも上陸できたのは、世界で唯一、日本海軍が占領していた中国の上海だけでした。ここにユダヤ難民がどっと押し寄せました。

上海では、**犬塚惟重**《いぬづかこれしげ》海軍大佐が一万八〇〇〇名のユダヤ難民を保護しました。

「上海のユダヤ人絶滅のためにガス室を提供

犬塚惟重大佐
学研「証言の昭和史 3巻」より

しよう」というドイツからの申し出を犬塚大佐は阻止しました。

おかげでユダヤ人たちは安心して生活を営むことができたといいます。あるユダヤ女性は、大戦中も「上海は楽園でした」という詩を残しています。その楽園の守護者こそ犬塚大佐でした。

ところが、一九四二年に犬塚大佐が転勤した後のことです。ここぞとばかりドイツは、マイジンガー大佐を上海に派遣してきました。十万のユダヤ人を殺したことで「ワルシャワの虐殺者」と恐れられた男です。

「ユダヤ人を引き渡せ！」

しかし、上海の日本領事や軍人たちは断固拒否し、終戦までユダヤ人たちを守り通したのです。

現在、ユダヤ人の国・イスラエルのエルサレムの丘には「ゴールデンブック」という碑が建っています。これにはユダヤ民族に貢献した人や救いの手を差し伸べた人の名前が刻まれています。

上からモーゼやメンデルスゾーン、アインシュタインと続きます。そしてそのあとには何と「偉大なる人道主義者、ジェネラル（将軍）樋口」と刻まれています。

一方、犬塚大佐は「ゴールデンブック」に記載したいと打診されましたが、「私は天皇陛下の御心《みこころ》を体して尽くしたのだ。載せたければ陛下のお名前を書くように」と言って断ったといいます。

戦前の日本は国際連盟で唯一「人種差別の廃止」を提案した国でした。「八紘一宇《はっこういちう》」（「世界は一つの家」という意味の神武天皇の言葉、英語でuniversal brotherhood）という国の方針に基づいて、世界各国および各民族は平等に扱われるべきだ、と主張しました。残念ながら、日本の主張は欧米諸国に受け入れられませんでしたが、こんな過酷な戦争の時代に、私たちの国には、命懸けで人命を救う努力をした人が大勢いたのです。

◇　資料3　ここまで　◇

『日本のマスコミや教科書は、杉原さんのことはよく紹介しますが、樋口さんや犬塚さんのことはまったくといっていいほど取り上げません。なぜでしょうね』

「？？？」

『杉原さんは「外交官」でした。樋口さんと犬塚さんは「軍人」です。戦後の日本には、軍人を誉めることをタブーとする空気があるのです。戦争に負けたからでしょうか。テレビなどマスコミで立派な軍人さんの話をしているのを聞いたことがありますか？　まず、聞いたことがありません。しかし、職業が何であれ、その人が成した行為の偉大さを率直に評価できないなんてフェアではありませんね』

樋口少将と犬塚大佐の二人をはじめとして、当時の日本人は、なぜこんなすごい行動ができたのだと思いますか。
また、彼らの行動や勇気は、今の自分に照らして、どうですか。

《授業おわり》

生徒の感想をどうぞ。

○我が身を顧みずに人道を貫けるということは「覚悟」を持っているということだ。それは、強い意志と決意を持ち合わせているからだと思う。今の私には欠落していることですが、身に付くように努力したい。

○二人とも、己の正義を信じて、信念を貫く勇気があった。自分は周りの意見に流されやすいので、見習いたいです。

○すごい仁義の心を持つ人たちだなと思いました。何よりもそれが行動になることがすごいです。思っていてもできない事が、私にも周りにも多いから、今日のような話はみんなが知っているべきだと思います。私も勇気ある人間になりたいです。

○二人とも天皇の御心を体して尽くしたのだから、結果がどうなっても悔いはなかったと思う。戦前は武士道があったから、このようなことができたんだと思った。すごい人たちだ。

○まさに「義を見てせざるは勇なきなり」だと思った。樋口さんや犬塚さんのように勇気を持って行動していきたい。

○とても印象に残る話だった。自分を犠牲にしてまで誰かを助けようとする姿に感動した。私もいじめなどがなくせるようにしていきたい。

○当時の日本人はとても優しく、強い心を持っていた。この二人は軍人だからこそ、命の大切さをよく知っていて、このような行動ができたのではないかと思う。

○当時の日本人はとても思いやりがあって弱い人を助けていた。今の日本人もそういうところはあると思うけど、もっと昔の日本人を見習ったほうがいい。

○軍人でも外交官でも尊い行為は尊い。正しく評価した方がいい。今の日本は軍人を差別していると感じる。

■参考文献

・『猶太難民と八紘一宇』上杉千年（展転社）
・『ユダヤ難民を助けた日本と日本人』上杉千年（神社新報社）
・『流氷の海』相良俊輔（光文社ＮＦ文庫）

・『指揮官の決断—満州とアッツの将軍 樋口季一郎』(文春新書)
・授業実践「ラストサムライへの共感」安達弘(横浜市公立小学校教諭)

12「特攻隊の遺書」先人への敬意と感謝

命は尊い。特攻隊員は愛する家族や恋人、友人そして日本のために一つしかない尊い命を犠牲にして飛び立っていった。燃えさかる若い命とともに、この世のあらゆるもの、さらにこれから訪れる自分の未来もすべて投げうったのである。彼らの尊い志を知るよすがとなる「遺書」を読むことによって、「今の自分が幸せに過ごしていられるのはなぜなのか」に気付かせる。また、先人の遺業を通して、「自分は何ために生きるのか、誰のために生きるのか」を考えさせる授業である。

《授業はじめ》

『次の手紙は、あるお父さんが自分の娘さんに書いた手紙の冒頭部分です』と言って、朗読をして聞かせる。

素子《もとこ》、素子は私の顔をよく見て笑いましたよ。私の腕の中で眠りもしたし、またお風呂に入ったこともありました。素子が大きくなって私のことが知りたい時は、お前のお母さん、佳代伯母《おば》様に私のことをよくお聞きなさい。私の写真帳もお前のために家に残してあります。素子という名前は私がつけたのです。素直な心の優しい、思いやりの深い人になるようにと思って、お父様が考えたのです。

（現代仮名遣いに改めた。以下同じ）

ここまで読んで、次の発問をする。

『さて、お父さんと素子さんは、それぞれ何歳だったと思いますか。また、お父さんのお仕事は何だと思いますか。手紙から、お父さんのどんな気持ちが伝わってきますか』

正解を求める問いではないので、生徒には思い思いの予想を言わせた。子供の素子ちゃんに対して、お父さんはとても深い愛情を持って語りかけているということはよく読み取っていた。生徒の答えが出尽くしたところで、愛児素子さんを抱く植村眞久《まさひさ》氏の写真を提示する。

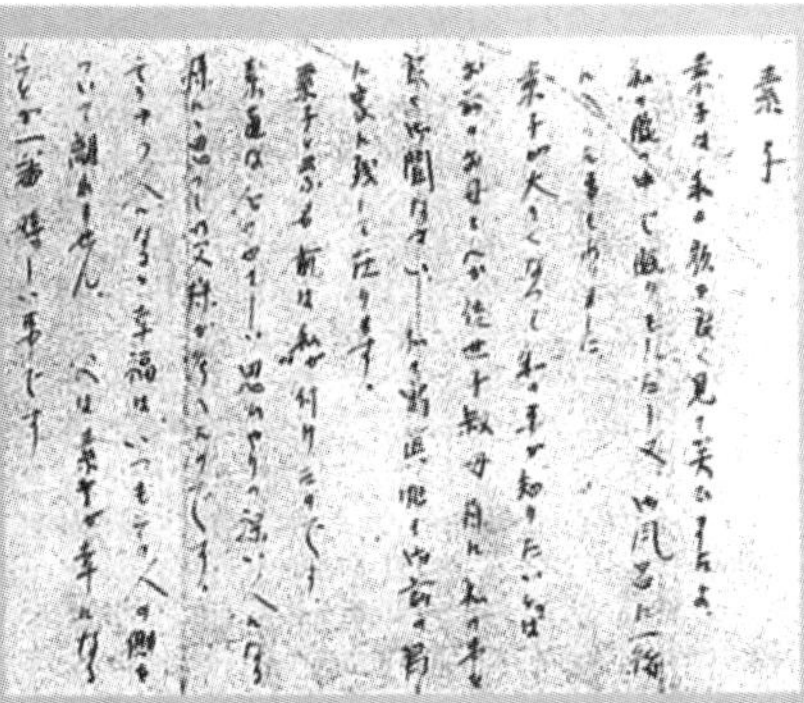

植村眞久海軍大尉が
出撃前に愛児の素子さんに遺した手紙

植村大尉は立教大学から海軍第13期飛行予備学生を経て少尉に任官。比島の第一線に出撃し、神風特別攻撃隊大和隊員として昭和19年10月、敵空母群に突入した。2階級特進

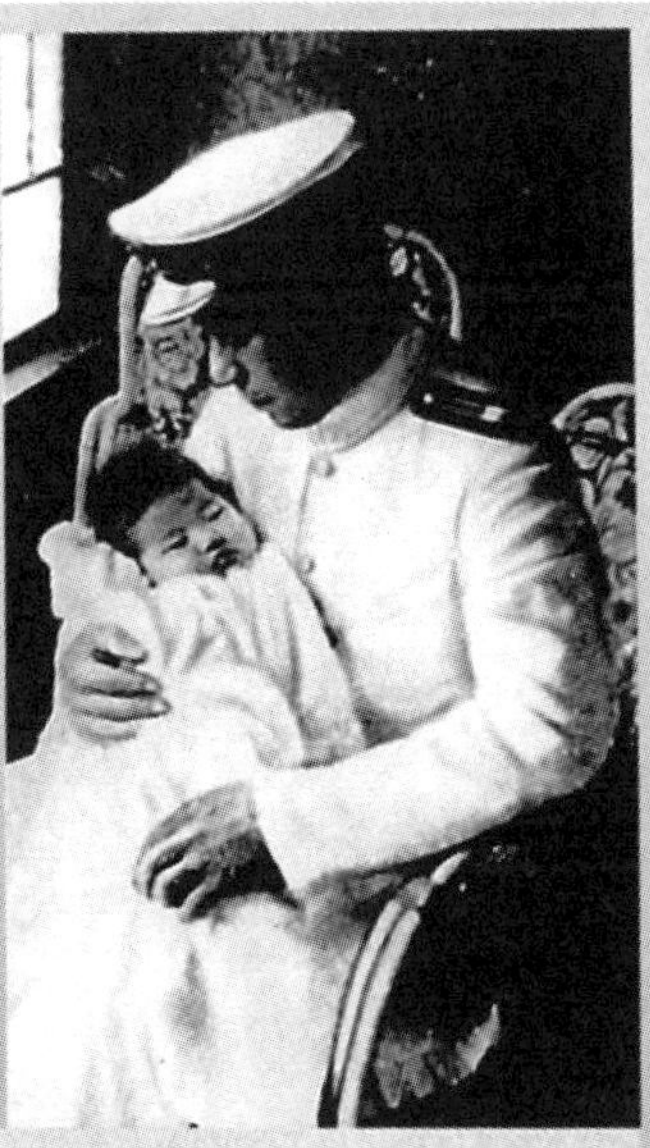

愛児に遺した手紙

素子　素子は私の顔をよく見て笑ひましたよ。私の腕の中で眠りもしたし又御風呂に一緒に入つた事もありました。素子が大きくなつて私のことが知りたいときは、お前のお母さん佳世子叔母様に私のことを良く御聞きなさい。私の写真帳も御前の為に家に残して在ります。素子と言ふ名前は私が付けたのです。素直な心のやさしい思ひやりの深い人になる様にと思つて、御父様が考へたのです。（略）

私は御前が大きくなつて、立派な花嫁さんになつて幸になるまで見届けたいのですが、若し御前が私を見知らぬまゝにしてしまつても決して悲しんではなりません。御前が大きくなつて父に会ひたいときは九段へいらつしゃい。そして心に深く念ずれば必ず御父様の御顔がお前の心の中に浮かびますよ。父は御前は幸せ者と思ひます。生まれながら父に生写しだし、他の人々も素子ちゃんを見ると真久さんに会つて居る様な気がすると良く申されて居た。又御前の御祖父様御祖母様は御前を唯一つの希望にして御前を可愛がり下さるし、姉様も又御自分の全生涯をかけてただ素子の幸せをのみ念じて生き抜いて下さるのです。必ず私に万一の事あるも親無児などと思つてはなりません。父は常に素子の身辺を護つて居ります。先きに言つた如く素直な人に可愛がられるやさしい人になつて下さい。

お前が大きくなつて私のことを考へ始めた時に、此の便りを読んでもらひなさい。

昭和十九年九月吉日

父

植村素子へ

追伸　素子が生れた時オモチャにして居た人形は御父様が戴いて自分の飛行機に御守り様として乗せて居ります。だから素子は父様と一緒に居たわけです。素子が知らずに居ると困りますから教へて上げます。

父

素子殿

手紙と写真：『やすくにの祈り　目で見る明治・大正・昭和・平成』靖国神社やすくにの祈り編集委員会（産経新聞ニュースサービス）148頁より転載

左上にミズーリ号に突入する直前の特攻機が見える
写真：近現代 PL/ アフロ

『手紙を書いた植村眞久さんは、二五歳でした。これは若いお父さんが生後六ヶ月の赤ちゃんだった素子さんに書いた「遺書」なのです。植村さんは日本海軍航空隊の軍人です。昭和十九年、「神風特別攻撃隊」の隊員として重大な任務を負っていました。

特攻隊は大きな爆弾を積んだ飛行機を操縦して、そのままアメリカの軍艦に体当たりします。特攻隊は「特別攻撃隊」の略です。何をもって「特別」というのか知っていますか。それは、必ず自分の命と引きかえに任務を達成する攻撃隊だからです。「決死隊」というのはありますが、文字通りの「必死隊」は世界に例がありません。死が絶対の前提ですから、特攻隊員はみんな遺書を書き残しています。

特攻は、すべて「志願」でした。愛する家族や日本を守るために、自分から一歩前に出て、一つしかない自分の命を捧げる決意をした人たちです。今からおよそ七十年前の日本には、このような「自己犠牲の精神」に溢《あふ》れた若者がたくさんいました。

戦後になって「特攻隊は犬死にだった」とか「死の恐怖を忘れさせるために覚醒剤で薬漬けにして飛び立たせたのだ」とか言う人たちもいました。彼らの死は本当に無駄な死だったのでしょうか。麻薬中毒の人が冷静な遺書なんて書けると思いますか。

若くして死を決意した特攻隊員は何を言い残したかったのでしょうか。また、彼らの遺書から、何を学び取ることができるでしょうか。植村さんの遺書全文を読みましょう』

【資料1】「妻に託した愛児への便り」植村眞久 海軍少尉 二五歳
素子、素子は私の顔をよく見て笑いましたよ。私の腕の中で眠りもしたし、またお風呂に入ったこともありました。素子が大きくなって私のことが知りたい時は、お前のお母さん、佳代伯母様に私のことをよくお聞きなさい。私の写真帳もお前のために家に残してあります。素子という名前は私がつけたのです。素直な心の優しい、思いやりの深い人になるようにと思って、お父様が考えたのです。
私はお前が大きくなって、立派な花嫁さんになって、幸せになったのを見届けたいのですが、もしお前が私を見知らぬまま死んでしまっても、決して悲しんではなりません。お前が大きくなって、父に会いたい時は九段へいらっしゃい。そして、心に深く念ずれば、必ずお父様のお顔がお前の心の中に浮かびますよ。父はお前は幸福ものと思います。生まれながらにして父に生きうつしだし、ほかの人達も素子ちゃんを見ると、眞久さんに会っているような気がするとよく申されていた。

またお前のお祖父様、お祖母様は、お前を唯一の希望にしてお前をかわいがってくださるし、お母さんもまた、御自分の全生涯をかけてただただ素子の幸福をのみ念じて生き抜いて下さるのです。必ず私に万一のことがあっても、親なし児《ご》などと思ってはなりません。父は常に素子の身辺《しんぺん》を護っております。優しくて人にかわいがられる人になってください。お前が大きくなって私のことを考え始めた時に、この便りを読んでもらいなさい。

昭和十九年〇月吉日　　　　　　　　　　　　　父

植村素子へ

追伸　素子が生まれた時、おもちゃにしていた人形は、お父さんがいただいて自分の飛行機のお守りにしております。だから素子はお父さんと一緒にいたわけです。素子が知らずにいると困りますから教えてあげます。

◇　資料1　ここまで　◇

『手紙の中で、植村さんが待っていると言った「九段」とは、東京にある靖国神社のことです。戦争で亡くなった英霊を祀《まつ》るところです。あなたが父親からこのような手紙をもらったらどんな気持ちがしますか。

実は、この手紙を書いたあと、特攻で飛び立つ日までの植村さんの行動がわかっています』

【資料2】

ある夜のこと、隊員のみんなが「自分たちは独身だが、お前は奥さんがいるから電話をしろ」と勧めました。植村さんは断りましたが、無理矢理させたのです。

その時、奥さんは寝苦しいので起きて扇子であおいでいました。すると、素子ちゃんがいつもは泣くのに、笑いながらはってきました。「賢いね。素子ちゃん」などと言っていると、電話が鳴りました。受話器を取ると懐かしい夫の声です。

「素子は、いるか?」

「よかった、今ここにいるんですよ。素子ちゃん、お父さんよ。お父さーんって言ってごらん」受話器を向けましたが、まだ誕生日も来ていない赤ちゃんです。

「あなた、素子はまだものが言えないわ」「あー、そうだったな」

そうしたら、植村さんは「すまんが、素子の尻をつねってくれ」と言いました。意味がわかった奥さんは受話器を置いて、「素子ちゃーん」と抱きしめたら、「ワーン」と泣きました。すると受話器から「聞こえたぞ、聞こえたぞ。ありがとう」

植村さんは、母親に代わってもらい、こう言いました。

「お母さん、子供ってかわいいね。僕はあの子がお嫁に行くのを見たかった。お母さん、頼むよ」

そして、特攻へ飛び立つ前日のことです。植村さんは隊長に言いました。

「隊長、うれしいです」「うれしい？　貴様は明日の朝、行くんだろう。死ぬのがそんなにうれしいのか」と言ったら、彼は「隊長。私は学生時代、成績の悪い学生でした。それが選ばれて特攻隊員になりました。ありがとうございました。明日の朝、私が死んだら、日本は勝ちますよね」「ああ、日本が勝つぞ」

「大好きなお母さん、長生きしますよね」「ああ、長生きなさるぞ」

すると、彼は小さい声で「素子も大きくなるだろうなあ」と言いました。隊長が「ああ、素子ちゃんも大きくなるぞ」と言ったら、大声をあげて「隊長！　だったらうれしいじゃありませんか！」

植村さんは朝まで、ピアノで日本の歌を繰り返し弾きました。そして、フィリピンのセブ島から九十キロ東に突っ込み、散華しました。

（広島県江田島町元教育委員長　岡村清三さんの話を要約）

◇　資料２　ここまで　◇

『特攻隊員は若く、まだ結婚していない者がほとんどでした。独身だった隊員は誰に遺書を残したのでしょうか』

【資料3】

●若麻績隆《わかおみたかし》 海軍中尉 二三歳。

出撃の準備を急いでいる私の飛行機の傍《かたわら》で一筆したためます。私の足跡は二十有余年の昔の故郷から、今この野いばらさえも柔らかな春の若草の野末まで続いて来ました。そしてここで終わります。

何もしてさしあげられなかった不肖《ふしょう》お許し下さい。でも国の為になって男の意地が立てばそれでよいと思います。そぞろ感傷をさそう春の雲に眼を放てば、満ち足りた気持が眠気をさそいます。日の丸鉢巻に縫い込んだ教え子の遺骨の肌ざわりに、いつしかしらず祈る心が湧き出だします。

出撃の命が下りました。隊長は地球を抱いてぶっ倒れろといいます。私も学生達にそう教えました。では皆様、御健闘を祈ります。

（『いざさらば我はみくにの山桜』靖国神社編、展転社発行より）

●湯川俊輔　海軍少尉　二五歳

遺書

二十五年の長きに渡り、色々ありがとうございました。いよいよ私も皇国の御楯《みたて》となり得る時が来ました。元気で征きます。一機命中きっと皆様の御期待にそえる覚悟でございます。

母上、どうか元気でいて下さい。

大日本帝国は絶対に負ける事無く、ますます栄える事を信じます。詔子《しょうこ》を大切にそだてて下さい。では、これで御別れ致します。では元気で。

十億の人に十億の母あれど　わが母に優《まさ》る母あらめやも

（『魂《こころ》のさけび』鹿屋航空基地史料館連絡協議会発行より）

◇　資料3　ここまで　◇

『お二人の遺書から「親を思う子の気持ち」がたいへん強く伝わってきますね。

次の大石さんは、すでに両親がなく、幼い妹に遺書を残しました』

【資料4】背中の静《しい》ちゃん　大石 清　陸軍伍長　十八歳（推定）

父も母も亡くなり、大石伍長の幼い妹の静恵（静ちゃん）は、伯父の家に預けられていました。

大石伍長が最後に会いに行った時、伯父に静ちゃんのことを「くれぐれもよろしく」とたのみました。駅で別れる時、妹の静ちゃんは泣いていました。せめてあと数日でもいっしょに、と思いました。自分の命は、長くてもあと一ヶ月あるかないかです。

そして昭和二十年五月、大石伍長は沖縄の海に散っていきました。

戦後のことです。静ちゃんのもとに大野沢さんという人から手紙が届きました。そこにはこのように書いてありました。

〈大石静恵ちゃん、突然、見知らぬ者からの手紙で驚かれたことと思います。私は大石伍長殿の飛行機係の兵隊です。伍長殿は今日、みごとに出撃されました。その時、このお手紙をわたしに預けて行かれました。お届けいたします。

伍長殿は、静恵ちゃんの作った人形をたいへん大事にしておられました。いつもその小さな人形を飛行服の背中に吊っておられました。ほかの飛行兵の人は、みんな腰や胸にぶらさげているのですが、伍長殿は、突入する時、人形が怖がると可哀そうと言って、おんぶでもするように背中に吊っておられました。

伍長殿は、いつも静恵ちゃんといっしょにいるつもりだったのでしょう。

「同行二人」…仏さまの言葉で、そう言います。苦しい時も、さびしい時も一人ぽっちではない。いつも仏さまがそばにいてはげましてくださる。伍長殿の仏さまは、きっと静恵ちゃんだったのでしょう。けれど、今日からは伍長殿が静恵ちゃんの仏さまになって、いつも見ていてくださることと思います。

伍長殿は勇敢に敵の空母に体当りされました。静恵ちゃんも、立派な兄さんに負けないよう、元気を出して勉強してください。さようなら。」

《大石清伍長の遺書》

なつかしい静ちゃん！

おわかれの時がきました。兄ちゃんはいよいよ出撃します。この手紙が届くころは、沖縄の海に散っています。

思いがけない父母の死で、幼い静ちゃんを一人残していくのは、とても悲しいのですが、許して下さい。

兄ちゃんの形見として、静ちゃんの名で預けていた郵便通帳とハンコ、これは静ちゃんが女学校に上るときに使って下さい。時計と軍刀も送ります。これも木下のおじさんに頼んで、売ってお金にかえなさい。兄ちゃんの形見などより、これからの静ちゃんの人生の方が大事なのです。

もうプロペラが回っています。さあ、出撃です。では兄ちゃんは征きます。

泣くなよ　静ちゃん。がんばれ！

◇　資料4　ここまで　◇

『彼らは、大切な人が未来の日本で生きていけるように、勇気を奮って堂々と戦い、散っていかれたのです。自分の死を目前にした兵士が、何よりも守りたかったものは自分の命ではなく、家族や恋人など自分の大切な人の命だったということを決して忘れてはいけません。なぜなら、彼らが命をかけて守ろうとしたものこそ、今を生きている私たちだからです』

今日学んだことから、「家族の絆」とはどういうものだと思いましたか。
また、命を犠牲にしてくださった先人に接して、どんな気持ちになりましたか。

《授業おわり》

自分の子供に、親に、妹にと、最愛の家族に宛てた最期の言葉を紹介した。遺書の朗読を聞きながら、落涙を禁じ得ない生徒がいた。それは男子にもいた。うそ偽りのない至誠の言葉に、大きく心を揺さぶられた授業であった。また、今の日本の現状を顧みて、隊員が命に代えて守りたかった日本との違いがあまりにも甚だしいことに気がついた生徒が複数いた。我々教師は、もって肝に銘すべしであろう。生徒の感想をどうぞ。

○なぜ、今の日本はこんなになってしまったのだろうか？　特攻隊の人々はこんな日本にするために死んでいったのか？　それは絶対に違う。昔のような立派な日本人と日本の美しい自然を守るために死んでいったのだ。だから、今のような日本を私たちは変えていかなければならない。それが、今の日本人の使命だと思う。

○人はいざ自分が死ぬことになったら、家族のことを考えるものなんだなと思いました。この特攻隊として死んでいった人々がいなかったら、戦争が終わっていなかったかもしれないし、そうしたら今の日本はないと思いました。それなのに、今の日本では殺人などの事件が多くあります。それは、特攻隊の人々が求めた日本ではないと思います。特攻隊に感謝の気持ちを持ち、日々を大切に生きていかなくてはならないと思いました。

○両親や家族に残した手紙に感動しました。自分より日本の未来を守ってくださった特攻隊員や兵隊の方々に感謝です。そして、守ってくださった日本を崩さないように戦争は起きてはならないと思ったし、意味のない事件は起こしてはならないと思いました。

○特攻隊として死を選ぶということは、もちろん家族は苦しいが、決してすべてがマイナスな部分だけだったのではないと今日は思った。そして、日本の未来のためにという特攻隊の方の思いが、今の日本につながっていると感じた。

○植村さんの手紙を読んで、本当にすごい人だなと思いました。少ない時間の中で、子供の将来を考えて親としての役割を果たしていると感じました。遺書を読んで、自分のことより先に周りの人間のことを考える人々がたくさんいることを知って、自分も今から周りの人のことを考えられる人になりたいなと思いました。
○自分が生まれたのも、この人たちのおかげだと思う。何より自分の命より守りたいと思うものを見つけたいと思った。今は普通に過ごせているけれど、地震だとかで困っている人がいたら、小さいことでもやっていければいいと思った。
○「家族の絆」とは、すごく固い絆でできているんじゃないかと学びました。また、命を犠牲にして先人が戦ってくださったおかげで私たちがいるんじゃないかと思いました。彼らが家族を大切にしていることを知って、今の自分を振り返ると自分は親とよくけんかしていると思います。最近では親が子に対する虐待のニュースを見ます。今の日本は本当によくないと思いました。
○家族の絆は何があっても途絶えないものだと学びました。命を犠牲にしてくださった方に今の私たちは何ができるかを考えて生きていこうと思いました。そして、家族を大切にしようと思いました。
○「家族の絆」は何があってもなくならないんだなと改めて思いました。今の自分たちのために死んでくださった特攻隊の人たちに感謝したいです。自分の命よりも大切な人の命を守りたいという気持ちがすばらしいです。会って「ありがとう」と言いたいです。
○家族の絆というものは、目に見えなくても、気付けなくても必ずあるものだと思った。自分の命よりも家族のことを考える先人の方々はとても優しい。

○家族の絆とは、離れていても（生死で別れても）切れないものだということを学んだ。先人たちが残してくれた今の日本はひどいものだと思う。もっとよい世の中にしていかないと先人たちの想いがかわいそうだ。

○もし戦争になって国のために命を投げ出すかとなったらどうするのか、考えたがわからない。日本は残っている。でも、家族を殺したりする事件がある。何を考えているのかと思う。家族がいなくなることは想像できない。うるさいとか、うざいとか思うこともあるが、そんなことを思えるのは幸せなことなんだと思った。家族をもう少し大切にしたい。

○この時代の「家族の絆」は本当にいいと思う。家族のために命をかけて戦う！　今の時代はたいしたことじゃないのに怒ったり、いらいらして子供が親を殺すなどという事件が多くあって本当に「何をやっているんだろう」と思う。

■参考文献

・『英霊の言の葉』靖国神社
・『いざさらば我はみくにの山桜』靖国神社編（展転社）
・『皇學館大学講演叢書第八十輯「戦歿学徒の心」』
・『今日われ生きてあり』神坂次郎（新潮文庫）
・授業実践「お父さんのお手紙」高橋恒久教諭（TOSS広島）

13【昭和天皇とマッカーサー】強い意志

本時は終戦直後に行われた昭和天皇とマッカーサーの歴史的会談が題材である。この会見を自ら望まれ、命を投げうって国民を救った昭和天皇の行動から、天皇と国民の紐帯《ちゅうたい》の強さと指導者（リーダー）の強い意志を学ぶ授業である。

《授業はじめ》

『あなたは意志が強いですか、それとも弱いですか。困難に直面した時、堂々と立ち向かっていく意思の力はありますか。

今日は、終戦直後の日本で起きた、ある意味、戦後日本の命運を決めたともいえる驚くべき物語を紹介します』

【資料1】

昭和二十（一九四五）年八月十五日、日本は連合国のポツダム宣言を受け入れて降伏し、大東亜戦争（太平洋戦争）は終結しました。総力を挙げての戦争に敗れ、終戦直後の日本は、それはもうひどい有り様でした。今日食べる物も明日着る物もままなりません。都市という都市は空襲で焼け野原になり、都市住民の多くは寄せ集めの材料で造ったバラック小屋で寝泊まりし、やっと雨露《あめつゆ》をしのいでいます。天皇が住まわれている皇居も例外ではなく、空襲で一部が焼け、破壊されていました。皇居でさえ、このような状態でしたから、国民の生活の困窮ぶりはひどいものでした。

連合国総司令官　ダグラス・マッカーサー
写真提供：産経新聞社

こうした中の八月三十日、アメリカ軍の将軍ダグラス・マッカーサーが日本に到着しました。連合国の代表として日本を占領しにきたのです。

マッカーサーはさっそく日本軍を武装解除し、日本の統治を宣言しました。我が国が外国に占領されるなどというのはこの時が初めてでした。これからの日本は、もう自分のことを自分で決定できないのです。いつ再び独立を回復できるのかわからぬままに、すべてに関して占領軍に言われたとおりにしなければならなくなりました。

このような状況の下で、連合国は日本の指導者から戦争犯罪人を選び出し、裁判にかけて処刑しようと考えていました。戦争の罪すべてを負けた日本に押しつけ、自分たちは正義のために戦ったのだ、と宣伝しようと考えたのです。

マッカーサーは戦争中の日本の首相をはじめ大臣や軍人たちを二八人も逮捕して「東京裁判」を開くことにしました。

この頃、連合国では、こんな話が持ち上がっていました。

「我々と戦争をした国のうち、ドイツはヒトラーが、イタリアではムソリーニが独裁者になって戦争を起こした。日本では、きっと国の代表である天皇が独裁者として振る舞い、戦争を起こしたに違いない。天皇を裁判にかけて、絞首刑にする必要がある！」

「天皇を死刑にしろ！」という声は日増しに強くなり、特にソ連とイギリスがこれを強く主張しました。

◇　資料1　ここまで　◇

このような状況の中、昭和天皇は自分から出かけて、マッカーサーに会うことを決心されました。昭和天皇はマッカーサーに何を話しに行かれたのでしょうか。自分の予想を（　）に書きましょう。

◆昭和天皇はマッカーサーに…

（　　　　　　　）と言いに行かれた。

生徒の予想のひとつはこうである。

「どうか私を殺さないでください」「助けてほしい。死刑にしないでくれ」「私は独裁者なんかじゃない。死刑だけはやめてくれ」

一方、次のような考えを持った生徒もいた。

「日本を立て直してください」「私を死刑にするのは構わないが、国民には手を出すな」「日本の首相・軍人には何もしないでください。彼らはこの愛する日本国、そして国民を必死で守ろうとしてくれた勇者なのですから。この命で多くの命が救われるのなら、喜んで捨てましょう」

うむ、立派な愛国者である。

『昭和の陛下は果たして何とおっしゃったのでしょうか。「昭和天皇・マッカーサー会談」の様子を読みましょう』

【資料2】

「天皇を死刑にしろ」の声まで出ている今、昭和天皇が自分に会いに来るのは、きっと「命を助けてほしい」と命乞《いのちご》いに来るのに違いない、とマッカーサーは思っていました。なぜなら、世界では通常、戦争に負ければ、その国の代表者は命乞いをしたり、国民を置いてけぼりにして自分だけ国外に亡命したりすることが多いからです。

昭和天皇とマッカーサーの会見
(昭和20年9月27日)
写真提供：産経新聞社

ついに九月二七日、昭和天皇は米国大使公邸にマッカーサーを訪問されました。マッカーサーは何かあったら天皇をつかまえてしまおうと、密かに二個師団の兵力の待機を命じていたといいます。

マッカーサーの副官に案内された昭和天皇が入室すると、マッカーサーはパイプをくわえ、ソファーに座ったままで迎えました。

昭和天皇は、マッカーサーに次のように言われました。


わたくしは、この日本を代表する者として、あなたに会いに来た。今度の戦争についての責任はすべて私にある。私は死刑になってもかまわない。他の者たちに責任はないので、許してほしい。そして、どうか国民が生活に困らぬように連合国から援助をお願いしたい。


マッカーサーは、昭和天皇のこの言葉を聞いて驚きました。なぜなら、昭和天皇はあきらかに自分の責任ではないものまで一身に背負い、「自分はどうなってもいい。国民を助けてほしい」と言われたからです。のちにマッカーサーは、昭和天皇の勇気ある言葉に感動したと語っています。

さらに昭和天皇は、大きな風呂敷包みを取り出してこう言われました。

わずかばかりだが、皇室の財産の一部を持参した。これを国民の援助のために使ってほしい。

すると、マッカーサーは突然立ち上がり、昭和天皇の前に進み出て、その手を握り「私は、あなたのような人を初めて見た！」と述べたといいます。そして、直立不動での姿勢で「天皇とはこのようなものでありましたか！　陛下、ご不自由でございましょう。私にできることがありましたら、何なりと申しつけ下さい」と言いました。すると、昭和天皇は、すっくと立たれ、「この私に何の望みがありましょうか。国民の生活を救ってくださいますように」と言われました。

会見の前、マッカーサーは「天皇を出迎えもしないし、見送りもしない」と明言していました。しかし、昭和天皇が帰る時、自ら玄関まで案内してとても丁寧に見送りました。そして、「このような立派な人を死刑にするわけにはいかない」と考えました。

◇資料2　ここまで◇

『「天皇を処刑しろ！」と主張する連合国の人たちに対して、マッカーサーは警告しました。何と言ったのでしょうか。（　　）にあてはまる言葉を考えましょう』

もし、天皇を殺したりすれば、天皇を慕《した》う日本人は黙っていない。ゲリラ戦が始まり、少なくとも、あと一〇〇万人のアメリカ兵が（　　）ことになるだろう！

（　　）には「死ぬ」や「戦死する」が入る。生徒はすぐに正解した。

『マッカーサーの報告によって、昭和天皇を裁判にかけろという声は次第に小さくなっていきました。また、マッカーサーはアメリカ本国に次のように要請しました。

「日本に食料をはじめとする様々な物資を大至急、大量に送るように！」

国民と日本の行く末を第一に考えた昭和天皇。その責任感は、支配者マッカーサーの心を動かしたのです』

『実は、昭和天皇とマッカーサーはこの会談の内容は公表しないと約束していました。ところが後年、マッカーサーがこのことを自伝に書いて発表したことで世に知られるようになったのです。それから何十年もたって、晩年の昭和天皇が記者会見に臨んだときのことです。**新聞記者からマッカーサーとの会談内容を質問されました。「あの話は本当ですか」との問いに陛下は何と答えられたでしょうか**』

（　　　　　　　　）だから、言えない。

※正解～「男子の一言」

『会談内容について、昭和天皇は亡くなるまで語ることはありませんでした。マッカーサーとの男の約束を守ったのです』

国民の指導者としての昭和天皇の行動をどう思いましたか。また、今の自分とどのようなつながりを見いだしますか。

《授業おわり》

生徒の感想を読むと、人間の意思の力というのはここまで強くなれるものなのだということがよく理解できたように思う。加えて、中学生なりに我が国の国体（国柄）のあり方をつかみ取ったようである。

○今日、この話を聞いてとても感動した。現在、自分を犠牲にして他人を助けるという行動をとれる人はいるのか。自分も、このような美しい正義感が持てるような男になりたい。

○とても感動しました。昭和天皇のように国のことをちゃんと考えてくれている人がいてくれたからこそ、今の日本はあるのだと改めて感じました。また、昭和天皇はこのことを亡くなるまで誰にも言わなかったというのもすごいことだと思いました。昭和天皇には、本当に感謝しなければいけないと思います。そして、日本の国を大切にしていかないといけないと思いました。

○昭和天皇はすごくかっこいいなと思った。しかも、そんなすごいことを鼻にかけないで「男と男の約束」と言って死ぬまで話さなかったなんて、尊敬した。マッカーサーもひどい人かと思ったが、天皇の言葉に感動して日本国民を助ける方向に行ったことは良かった。

○今、僕が生きているのも昭和天皇のおかげだなって思った。他の国とは違うリーダーで、さすが日本だ。マッカーサーが見送りに行かないと決めていた心を動かしたのもすごい。最後に「男子の一言は守らねば」というのがかっこよかった。

○私の予想通り、昭和天皇はとても立派な人でした。昭和天皇のおかげで今があるのだと思います。マッカーサーが心を動かされたのは無理もありません。私たちは二度も昭和天皇に助けられたのですね（＊）。神に近い存在です。私が歴史人物で一番尊敬するのは、昭和天皇になりました。（＊服部注…一度目が、終戦の御聖断）

○終戦の時もそうだったが、昭和天皇は本当にすごい人だった。ちょっとしたことで言い訳するようなのは、人間の器がちっちゃい証拠だなってあらためて思った。昭和天皇がいなかったら、日本はもっとぼろぼろになっていただろうし、私だって生まれてこなかったかもしれない。天皇の勇気（「勇気」だなんて軽いことじゃないけど）のおかげで、戦争の被害は少なくてすんだと思う。

○自分が死刑になるかもしれないという恐怖の中で、こんなことをできるなんて普通の人ではないと思いました。天皇というのは国の象徴と思っていましたが、日本人の心の象徴でもあるな、と思いました。天皇が、なぜこんなに長く続いているのかがわかった気がしました。
○少し、うるっと来ました。こういう立派な人が日本を守ってきてくれたおかげで今の日本、そして今の自分たちがあるんだと思いました。天皇がヒトラーのような独裁者だったら、天皇の制度が千年以上も続くわけがありません。やはり、国民を考えてこその天皇だったのです。
○マッカーサーの心を動かした昭和天皇は偉大だと思った。昭和天皇はきれいでまっすぐな心を持っていたから、マッカーサーの心を動かせたのだと思う。昭和天皇がいなかったら、日本はどうなっていたかわからなかったと思った。
○マッカーサーが、昭和天皇が命乞いのために来ると思っていたことを知って、僕は「日本の天皇をなめんなよー」と思った。このような天皇がいてくれる日本は本当に幸せだと思う。尊敬…とかの言葉じゃ示せないくらい、昭和天皇には感謝したいと思った。
○こういう話を知ると、こんな素晴らしいトップがいる国に生まれて良かったと思う。天皇という人はすごいんだと感じた。自分よりも国民を助けてほしいという考えは、人の上に立つ人の思考だなと思った。
○天皇の言葉を聞いた時、自分は鳥肌が立った。マッカーサーの気持ちが変わるのは当然と思う。国民を本当に大切だと思っている人にしかできないことだ。これも武士道の心?
○日本国民がなぜ天皇をこれほど慕っているのかがわかった。天皇は自分の利益ではなく、国民のため、日本のためを思って行動していたからだ。天皇は外国の王様とは違うのだと思った。

世界で最も謙虚な国のトップだ。とても立派だ。
○日本の天皇は外国の王様たちとは違ったものである。日本のリーダーではあるけれども、リーダーというより「守り神」のような存在だと思ってしまう。「誠」があって美しいと思った。日本国民で良かった、って安心できる。
○昭和天皇ってすごいなぁーって思った。天皇のこのような考え・行動は、本気で国民を信じていないとできないと思う。マッカーサーも、そういうことを感じ取れる人で良かった。
○日本国憲法の最初に天皇は日本国と日本国民統合の象徴だと書かれていても、誰もが納得だ。外国の人にも、日本のリーダー天皇は常に国民のことを考えてくれているのだと自慢できる。まさに最高の象徴だ。
○昭和天皇は日本で一番立派な人だと思う。ちょっと前まで殺し合いをしていた敵国でも、心は動かされるんだなって思った。戦争はとてもつらかったけれど、やはり国民は天皇が支えになっていたんじゃないかと思った。

■参考文献

・『昭和天皇』小堀桂一郎（ＰＨＰ新書）
・『昭和天皇―ご生誕１００年記念』出雲井晶（産経新聞）
・『侍従長の回想』藤田尚徳（中公文庫）
・『昭和天皇五つの決断』秦郁彦（文春文庫）
・『マッカーサー元帥と昭和天皇』榊原夏（集英社新書）
・『一杯のコーヒー ― 昭和天皇とマッカーサー』綾野まさる（ハート出版）
・ＤＶＤ『「その時歴史が動いた」昭和天皇とマッカーサー会見の時』ＮＨＫ
・授業実践「占領期の昭和天皇」安達弘（横浜市公立小学校教諭）

14「空の武士道」利他の精神・人間の気高さ

平成十一年、埼玉県の入間基地近くで起きた自衛隊機の墜落事故から、人間の崇高な精神を学ぶ。それは「利他」のために命を捧げた航空自衛隊パイロットの物語である。

《授業はじめ》

冒頭に次ページの新聞記事と航空機の写真を提示して、注目させる。

『これは、ある事故を報じる新聞記事です。この記事を読んでの印象をどうぞ』

「八十万戸も停電なんて、大変そう」「これはひどい。何でこんなことになったんだろう」「危ない！　八十万って、たくさんの人が被害にあったんだなぁ」「停電した人たちは迷惑だっただろうなと思った」「被害が高圧線だったからまだ良かった」「ふたり亡くなって、かわいそう」

東京・埼玉80万戸停電

空自機墜落で高圧線切断

埼玉・狭山

交通・ATM乱れる

二十二日午後一時四十二分ごろ、埼玉県狭山市柏原の入間川河川敷に、航空自衛隊入間基地所属のT33ジェット練習機が墜落、炎上した。同機が墜落の際、東京都内や埼玉県内に電気を送る高圧送電線を切断したため、広範囲で停電が起きた。東京電力によると、停電は東京都練馬区、豊島区、世田谷区、港区や埼玉県入間市、狭山市、川越市などで、計約八十万世帯・事業所に上った。停電は午後五時過ぎに復旧したが、首都圏のJRや私鉄の計八線が一時止まり、約六万五千人に影響した。信号機が消えるなどの混乱が相次ぎ、東京証券取引所の一部取引が停止となるなどの影響も出た。（30・31面に関係記事）

2乗員死亡

防衛庁によると、墜落した練習機は、入間基地の航空総隊司令部飛行隊の所属で、搭乗していた航空幕僚監部人事教育部援護業務課の中川尋史二佐（[illegible]）と、同飛行隊の門屋義広三佐（[illegible]）が死亡した。

二人はパイロットの技術

門屋義広3等空佐　中川尋史2等空佐

墜落したT33同型機（防衛庁提供）

高圧送電線を切断し墜落した自衛隊機に、白い消火剤がかけられた。鉄塔からは切れた電線が、がいしとともに垂れ下がっている（矢印）＝22日午後3時すぎ、埼玉県狭山市柏原で、本社ヘリから

普天間移設先

平成１１年11月23日『朝日新聞』一面　提供：朝日新聞社

T 33ジェット練習機　写真：毎日新聞社提供

『私たちの地域の近くにも厚木飛行場がありますから人ごとではありませんね。実はこの事故にはある謎が存在していました。事故の真相に迫りましょう』

【資料1】

平成十一（一九九九）年十一月二二日、埼玉県狭山《さやま》市の入間《いるま》川河川敷に、航空自衛隊のT33ジェット練習機（二人乗り）が墜落する事故がありました。操縦していたのは中川尋史《ひろふみ》さんと門屋義廣《かどやよしひろ》さんでした。

入間基地の管制塔に緊急連絡が入って、わずか四分後に墜落しました。二人とも飛行時間五〇〇〇時間を超えるベテラン・パイロットでした。この事故が、どのように起こったのか交信記録から再現してみましょう。

十三時三八分 「**マイナートラブル発生**」。『軽い故障が発生した』という意味です。この時、T33は基地まで三九キロ、高度七六〇〇メートルの位置を時速四五〇キロで飛行中でした。ところが三〇秒後に「変な音がして、ちょっとオイルのにおいがするので降ります」という連絡が入り、高度を下げていきます。そして…、

三九分四九秒 「**コックピット・スモーク**。リクエスト、ストレート・イン。フルストップ」

という連絡が入ります。『操縦室から煙が出ている。滑走路に真っ直ぐに飛んで着陸、停止する』という意味です。この時、基地まで約十八キロでした。

「大丈夫だろう。降りられる」。中川さんは落ち着いた声で言うと、基地への帰路を確認しました。

四〇分十四秒 無線で「**エマージェンシー!(緊急事態)**」と告げられました。管制塔は緊張に包まれました。機体はどんどん降下していきます。目撃した住民によれば、「機体が急降下していった。エンジン音はしなかった」とのこと。エンジンはすでに止まっていました。二人はあらゆる手を尽くしますが、急激に高度が低下し、もはや基地への帰還は困難と判断します。

四二分十四秒「**ベールアウト!(緊急脱出)**」。中川さんが脱出を宣言しました。高度は三六〇メートル、基地まであと四キロの距離でした。脱出には高度が必要で、T33の場合、三〇〇メートルなければパラシュートが十分に開きません。固唾《かたず》をのむ管制塔。しかし、その十三秒後…。

四二分二七秒 管制塔は、もう一度「**ベールアウト!(緊急脱出)**」の言葉を受信。何と、中川さんたちは、まだ脱出していなかったのです! そして九秒後…。

四二分三六秒 T33は、地上約六十メートルの高圧送電線に接触して、入間川の河川敷に墜落しました。目撃者によると、T33が送電線と接触する直前に後席の門屋さんが脱出。しかし、パラシュートが完全に開かないまま墜落し、地面に叩きつけられて亡くなりました。一方、中川さんの脱出は、送電線と接触した瞬間でした。垂れ下がった送電線の真下に中川さんは放り出されて亡くなっていました。

◇資料1 ここまで◇

T33の4分間の交信記録
（　）内は管制塔からの指示

13:38 「マイナートラブル発生」

↓

13:39 「コックピットスモーク」
「大丈夫だろう．降りられる」
「ストレートインしたい」
（ストレートインで着陸してよい）

13:40

↓

「エマージェンシー！」

13:41 （エマージェンシーの種類は何か）
「コックピットスモーク」
38秒 （ポジション確認？）
「5マイル（＝9.3㌔）」

13:42
14秒 「ベールアウト！」
《謎の13秒間》
27秒 「ベールアウト！」
36秒 入間川河川敷に墜落

『門屋さんは四八歳、中川さんは四七歳でした。みなさんのお父さんの年齢に近いのではないですか。

お二人は墜落する二二秒前の四二分十四秒、さらに墜落九秒前の四二分二七秒と、二度にわたって「緊急脱出（ベールアウト）」を叫んでいます。どうして一度目の時に脱出しなかったのでしょうか。そうしていれば、パラシュートが開くに十分な高度があり、二人とも助かっていたでしょう。墜落までの二二秒間に、はたして何があったのでしょうか…。

どうして、お二人は一回目のベールアウトで脱出しなかったのか、考えられる状況を想定して、その理由を推測してみましょう』

「脱出しようとしても、できなかった」「急いでパラシュートをつけていた？」「死ぬんだったら、飛行機と一緒に死にたかったから」「最後まで大丈夫だと思っていたから」「飛行機を守りたかったのでは？」「どうしても墜落させたくない場所が近くにあった」「ギリギリまで頑張ろうとした」

『すぐに脱出しなかった真相をさぐるヒントとして、墜落直前のパイロットの視界を推測した三枚の航空写真を見てください』

グーグルアースから作成した航空写真を提示する。

（A）高度 360 m　ベールアウト 1 回目

（B）高度 300 m　ベールアウト 2 回目

（C）高度 160 m　墜落直前

（A.B.C）とも ©Google

『パイロットの視界から見ることで気付くことがあります。AからCまでを順に見ていくと、次第に、視界から消えていくものがあります。それは、何ですか』

「住宅地だ！」

『そのとおり！　では、謎の十三秒の真相を教えましょう』

【資料2】

事故後、自衛隊の事故調査委員会が調査しました。それによると、二人が一回目の「ベールアウト」を発した十三秒後にもう一回「ベールアウト」を叫んでいたことについて、《いったん脱出しようとしたが、さらにもう少し頑張ろうとしたため》であったことが分かりました。彼らが何を「頑張ろうとした」のか、もうわかりますね。最初に「ベールアウト」を宣言したとき、二人の眼下には、狭山ニュータウンの住宅街が広がっていたのです。彼らは自分の命の危険を承知しながらも、地域住民に被害が及ばぬよう、必死で機体をコントロールして、人のいない河川敷まで機体を運び、そこで墜落したのです。

結局、二人は高度七十メートルという墜落ぎりぎりのところまで頑張りました。もし身の安全を考え、あと三秒早く、高度三〇〇メートルで脱出していたら自分たちの命は助かったでしょう。しかし、Ｔ３３は住宅街に落ち、多くの人命が失われたに違いありません。高圧電線を切断して大規模な停電を発生させたとはいえ、住宅街に住む人々の生命・財産に被害を与えなかったのです。

自衛隊員は全員、入隊する時に次の宣誓をすることを知っていますか。

《国民の生命財産を守る、その使命のためには自らの命を懸けても職務を遂行する》と。

二人は自分自身に迫りくる死の恐怖よりも、自衛隊員としての「誓い」をしっかり守り、身をもって実行したのでした。

◇　資料2　ここまで　◇

もしあなたがパイロットの立場だったら、どうしますか。

○住民は大切だけど、やっぱり死にたくない。パニックを起こして、民家とか気にせずに脱出してしまうだろう。

○なんか、脱出も怖くてできなくて、グダグダしてそのまま突っ込んで死にそう。

○いざとなると「死」っていうのは怖い。脱出できるギリギリのところまで粘って、無理だと思ったら、下に民家があっても飛行機から逃げてしまうと思います。

○私も自衛隊員の宣誓をしていたなら、同じような行動をやるかもしれません。しかし、普通なら自分の身が大切になります。
○やはり、その状況にならないとわからない。わからないけど、こういうことができる人になりたい。

『この勇敢な二人のパイロットから何を学べるか考えてみましょう』


【資料3】

マスコミは、首都圏が停電したことを大きく報道し、市街地近くの飛行訓練の危険性を訴えました。県知事や市長は自衛隊に対して、訓練の停止を要求しました。マスコミや自治体は、二人の自衛隊員が脱出に失敗して死亡した理由を伝えようとも、知ろうともしませんでした。なぜ、中川さんと門屋さんは自らの命と引きかえにして住民を救うという決断と行動ができたのでしょうか。お二人をよく知る元自衛隊員の金子康輔《こうすけ》さんの話を紹介しましょう。

「ベールアウト自体、初めての経験だから、そのときの緊張は最高度だったと思います。ただ、ボイスレコーダーに記録された声を聞くと、とても落ち着いています。『もうここまでやった。あとは天に任せる』という心境だったのでしょう。

民間に被害を出さないように、かといって、無事に脱出するのは難しいとわかっていたけれど、自分自身も生きることに最大の努力を払っただろうと思います。

このような行動は日本人のＤＮＡの中にあると思います。『武士道』というか、長い時間をかけて歴史の中でつくりあげた日本人の精神、あるいは国民性と言ってもいいかもしれません。

この事故について、よく『自己犠牲』と言われますが、私は『利他の精神』だと思います（利他の精神＝自分のことを顧みず、他の幸福や利益を優先する心）。

誰からも強制されず、人のために行動する。これは日本人がずっと歴史を通して人間関係の中で育んできたことです。だから、おそらく中川も最後まで自分も生きようとしながら、ほんのちょっとの差で生きられなかったんだなと思います。

利他の精神は中川だけでなく、航空自衛隊のパイロットは皆、持っていると思います。あえて口に出しては言わないけれど。それから、たぶん皆さんも同じような状況におかれたら、自衛官でなくとも同じように行動するのではないかな…、私はそう思います。今の若者は…と言われるけれど、そういう環境で過ごせば自然に考えることですよ。それなりに行動できると思っています」

事故から六日後、新聞の投書欄に墜落現場の近くに住む主婦の文が掲載されました。

「特攻隊だった父から、自衛隊の飛行機は必ず河原に落ちてくれるから大丈夫、と聞かされていました。今回はまさにその通りです。切れた送電線のすぐ近くで、小学生の娘は遊んでいました。中学校には息子がいました。でも、みんな無事でした。亡くなった自衛隊員の方には感謝しています。翌朝、橋の上から事故現場を見ていた一人のご老人が合掌されていました。私も同じ気持ちです。」

◇　資料3　ここまで　◇

『あなたが新聞記者なら、どんな記事を書きますか。見出しを書いてみよう』

生徒が考えた見出しは、墜落事故の真相と核心に迫るものになった。


「二人のパイロット　国民の命を守る」

「住民の死傷者〇《ゼロ》　国民のため、空自機の乗員二人死亡」

「自分の命と引き替えに　人命助けた空自パイロット」

「生命の危険かえりみず　住宅地を死守」

「エマージェンシー！　住民の被害なし」

「パイロットの決断　住民全員無事」


『素晴らしい見出しができましたね！

この事故現場の近くにある高校の校長先生が書いた学校通信を紹介します。お二人のパイロットから何を学ぶことができるか、考えながら読みましょう』

【資料4】

人間を矮小化《わいしょうか》してはならぬ　狭山ケ丘高等学校校長　小川義男

死の瞬間、かれらの脳裏をよぎったものは、家族の顔でしょうか。それとも民家や学校を巻き添えにせずに済んだという安堵《あんど》感でしょうか。

他人の命と自分の命の二者選択を迫られたとき、迷わず他人を選ぶ、この犠牲的精神の何と崇高なことでしょう。皆さんはどうですか。このような英雄的な死を選ぶことができますか。私はおそらく皆さんも同じコースを選ぶと思います。私も必ずそうするでしょう。実は人間は、神の手によって、そのように作られているのです。

人間はすべてエゴイストであるというふうに、人間を矮小化、つまり実存以上に小さく、卑しいものに貶《おとし》めようとする文化が今日専《もっぱ》らです。しかし、そうではありません。人間は本来、気高く偉大なものなのです。火災の際の消防士の動きを見てご覧なさい。逃げ遅れている人があると知れば、彼らは自らの危険を忘れて猛火の中に飛び込んでいくではありませんか。母は我が子のために、父は家族のために命を投げ出して戦います。これが人間の本当の姿なのです。

その愛の対象を家族から友人へ、友人から国家へと拡大していった人をわれわれは英雄と呼ぶのです。人は、他人のために尽くすときに最大の生き甲斐を感ずる生き物です。他人のために生きることは、各人にとり、自己実現にほかならないのです。

国家や社会にとり、有用な人物になるために皆さんは学んでいます。受験勉強で、精神的に参ることもあるでしょうが、これは自分のためにではなく、公のためである、そう思ったとき、また新しいエネルギーが湧いてくるのではないでしょうか。

受験勉強に燃える三年生に、連帯の握手を！

（平成十一年十二月一日　学校通信「藤棚」から要約）
◇資料4　ここまで◇

《授業おわり》

中川さんと門屋さんの行動を振り返り、思ったことや学んだことは何ですか

最初、新聞記事を見ただけでは「危険だ」「迷惑だ」との感想を漏らしていた生徒たちは、墜落事故の背景にある崇高な精神を知るにいたって大きく変容した。以下、生徒の感想である。
○住民のために自分の命を犠牲にして守る、というのは本当に素晴らしいと思う。こんな大変な状態に冷静に対応できるわけはないはずなのに、この二人はすごい人物だ。

○自分の死に遭遇するのは、怖いと思った。だけど、この二人は人々を守るために自分を犠牲にしたんだからすごいことだ。やっぱり五〇〇〇時間飛行しているだけあって、非常事態にも落ち着いて行動できていた。新聞はもっと真実を書けって。
○この人たちは本当にパイロットの鏡だと思います。死の恐怖を乗り越えて、人命や人々の財産を守った人はそうそういないでしょう。
○命をかけて、すごい勇気があると思った。今の私には、あんな行動はたぶんできません。でも、あの場に置かれたら、やるかもしれません。これから時々、公のためにと思って受験勉強をしてみようと思います。そうしたら少しは違う自分になれるかもしれません。
○自衛隊の宣誓がすごい。初めて知った。驚いた。
○かっこいいですね。「自分のことよりも…」という気持ちは大切ですよね。これは人間にしかできないことだと思います。
○現代人は何でも数字で物事を表そうとするので、死者も「2」であり、どのような状況で、どのような判断をして、このような結果になったのか、ということには介入していかないことが多いと思います。彼らの心理や判断をもっと道徳的な目で見ていくことが必要なのではないでしょうか。
○自分の命よりも国民の命を優先することができたのは、自分のことよりも周りの人のことを考えて普段から行動していたからだと思う。私もそんなふうに行動できるようになりたい。

■参考文献

・授業実践「空の武士道」飯島利一（國學院高等学校教諭）
・「朝雲新聞」平成十一年十一月二五日　記事
・「衆議院議員矢島恒夫君提出入間基地の自衛隊機墜落事故に関する質問に対する答弁書」衆議院ＨＰ　平成十二年五月三十日
http://www.shugiin.go.jp/internet/itdb_shitsumona.nsf/html/shitsumon/b147027.htm
・ブログ「流星になった男たち～入間Ｔ３３Ａ墜落事故」
http://blog.goo.ne.jp/raffaell0/e/ba1f1122adc834bfba6e0825ac5c35d5
・youtube『国旗の重みシリーズ　英雄編～十三秒後のベイル・アウト～』
https://www.youtube.com/watch?v=hG2cwv6F40Y

15「日本ミツバチの団結力と日本人の美徳」集団生活の向上

鎌倉時代の末、一二七四年に元（モンゴル）と高麗（朝鮮）の連合軍が我が国に襲来した。元寇である。この国難に武士をはじめ日本人は一丸となって戦いに臨んだ。この時、宏覚という禅僧が戦勝の祈願文に載せた一首が伝わっている。

末の世の 末の末まで 我が国は よろづの国に すぐれたる国

日本は昔から、「優れた良い国」だという認識があったことがわかる。

この授業の徳目は「集団の一員としての自覚」または「公徳心・よりよい社会の実現」となろう。古来から伝わる「日本よい国」を継承してもらいたい。

《授業はじめ》

授業の最初に二枚の写真を提示する（次ページ）。

『この虫は何ですか』

①

②

写真：オオスズメバチ、日本ミツバチともに
HP「都市のスズメバチ」
（http://www2u.biglobe.ne.jp/~vespa/menu.htm）より

正解　①オオスズメバチ～体長四十ミリ。世界最大最強の蜂。
②日本ミツバチ～体長十五ミリ。日本の固有種。

『二つの動画を見ます。「オオスズメバチｖｓ西洋ミツバチ」と「オオスズメバチｖｓ日本ミツバチ」の戦いです。結果はどうなると思いますか。あっという間にすごいことが起こります』

視聴した動画はユーチューブからの借り物である。

・「スズメバチ30匹vsミツバチ30000匹」
https://www.youtube.com/watch?v=IWI6_VEbsdA
・「オオスズメバチvsニホンミツバチ」
https://www.youtube.com/watch?v=LLWZHg_TjA0

西洋ミツバチはたちまちのうちにオオスズメバチに全滅させられてしまうのに対し、小さな日本ミツバチは強大なオオスズメバチをやっつけてしまう（詳細は資料参照）。意外な結果に生徒は驚愕する。感想を求めると、

「小さな日本ミツバチがオオスズメバチを倒したことに驚いた」

「スズメバチは怖い。日本ミツバチは賢いな～。日本ミツバチが団結している様子が素晴らしかった」

「日本ミツバチは一斉に行動していた。ビックリした。日本ミツバチは西洋ミツバチと違って作戦ができていてすごいと思った」

『日本ミツバチの勇気ある行動をつぶさに読み取っていきましょう』

【資料1】
ミツバチには日本古来の「日本ミツバチ」とハチミツを採るために養殖する「西洋ミツバチ」

がいます。

西洋ミツバチは、日本ミツバチより少し体が大きくて、黄色っぽい色をしています。

一方、日本ミツバチは、小柄で黒っぽい色です。

日本には古くから日本ミツバチがいるのですが、日本で養蜂《ようほう》に使われているのは、西洋ミツバチが主です。これは、明治時代以降に導入したものです。

日本ミツバチがいるのに、なぜ養蜂には西洋ミツバチを用いるのでしょう。

西洋ミツバチの方が働き者だから？　たくさん蜜を取ってくるから？

そうではありません。実は、日本ミツバチはたいへん神経質な蜂《はち》なのです。ですから、環境が変わると巣を捨てて移動してしまうので、養蜂に向かないのです。

要するに、日本ミツバチは「養殖される＝奴隷にされる」ような生き方はできない、というわけです。

それとは反対に、養蜂場で飼育されている西洋ミツバチは、不思議なことに野生化しません。なぜ野生化しないかというと、できないのです。

その理由は、日本にはミツバチの天敵である恐ろしい「スズメバチ」がいるからです。

ミツバチと比べて何倍もの体格を持つスズメバチは、ミツバチの巣に飛来すると巣の前でホバリング（停止飛行）をして待ち構えます。そして、帰ってきたミツバチを強力な前足で捕えるのです。木の枝などに後足で逆さにぶら下がり、ミツバチの頭、羽、足、腹を鋭いアゴで切り落として、胸の部分だけを肉だんごのようにまるめます。これを巣に持ち帰って幼虫のエサにするのです。

さて、ハチといえば「刺す」ものですね。針は毒針です。ミツバチの毒針は、逆《さか》トゲがついています。ですから、刺すと針が抜けて相手の体内に残ります。効果は大きいのですが、一匹一本ですから、針を失ったミツバチは、死んでしまいます。

ところが、スズメバチは、針に逆トゲがありません。したがって、毒が続く限り、何度でも相手を突き刺すことができますから戦闘能力が格段に違いますね。

さらに、スズメバチはその毒液をお尻から周囲にまき散らします。この毒液は「警報」の働きも持っていて、ニオイを感知した仲間がどんどん集まってきます。こうして、スズメバチはミツバチの巣を襲い、捕食し、全滅させるのです。

ということで、養蜂場を逃げ出した西洋ミツバチが自然巣を作ったとしても、スズメバチに襲われてすぐに全滅です。たった一日で全部殺されます。西洋ミツバチにとって、スズメバチは、まさに脅威なのです。

ところが、世界で唯一、スズメバチを撃退してしまうミツバチがいます。そう、それが、あのかわいらしい日本ミツバチです。

どうやって撃退するのでしょうか。これが実に日本的な戦い方なのです。日本ミツバチの戦いは、お尻の毒針を使いません。集団でスズメバチにとりつき、「熱死《ねっし》」させるという方法で、スズメバチをやっつけてしまうのです。

日本ミツバチは、スズメバチが巣に近づくと集団で出迎えます。そして、腹部を高く持ち上げ、一斉に左右に激しく羽を振ります。「ミツバチダンス」と呼ばれます。大軍で密集し、ブンブンと唸《うな》る日本ミツバチの姿。これもまたとてもユニークな特徴です。

◇　資料1　ここまで　◇

『巣に近づくスズメバチに、日本ミツバチが密集してブンブンと腹を左右に激しく振るのはなぜでしょう』

1．ダンスを見せてごまかす　　2．大きな音でビビらせる
3．実はみんなで謝っている　　4．その他

「2．ビビらせる」を選ぶ生徒が多かった。正解を読もう。


【資料2】

日本ミツバチが大軍でミツバチダンスをすると、どういう効果があるのでしょうか。

これをやられると、スズメバチは幻惑されて一匹の日本ミツバチに的《まと》を絞《しぼ》れなくなってしま

うのだそうです。巣の前で落ち着いて待ち伏せできなくさせて、スズメバチを追い払うわけです。

それでも、スズメバチが侵入してきたら、どうするのでしょうか。ここが実にすごいのです。「日本ミツバチ」は、あっという間に集団でスズメバチに飛びかかります。そして、瞬く間に直径五センチほどの「蜂球《ほうきゅう》」をつくるのです。まさに一瞬の出来事、集団でスズメバチを蜂球の中に閉じ込めてしまいます。

蜂球
写真：HP「都市のスズメバチ」より

蜂球の中では、内部の温度が急激に上昇します。その温度は、四分ほどで四六度以上に達します。そして、約二十分間、約四五度前後の高温が維持されます。その後、ゆっくりと外気温と同じ温度まで下がります。あとには、大きなスズメバチの死骸が一つと、いくつかの小さな日本ミツバチの死骸が残されます。


スズメバチが動かなくなって数分経ったころ、日本ミツバチたちはその場を離れ、巣の中に戻っていきます。そして、何事もなかったかのように、自らの仕事を再開するのです。

何でスズメバチは死んでしまったのでしょうか。実は、これは日本ミツバチとスズメバチの「致死温度」の違いを利用した戦い方なのです。

日本ミツバチの致死温度は五十度です。これに対し、スズメバチは四五～四七度で死んでしまいます。日本ミツバチは、そのわずかな致死温度の違いを利用して、スズメバチを倒すのです。

一匹のスズメバチを倒すために、日本ミツバチは数匹から数十匹が命を失いますから、ミツバチの方が圧倒的に被害が大きいです。しかし、日本ミツバチは我が身を犠牲にして「命」をかけて、巣と仲間を守ります。これが世界でただひとつの、日本ミツバチだけが持つ「スズメバチ撃退法」なのです。

我が国の国歌である君が代の歌詞は、もちろん知っていますね。

君が代は　千代に八千代に
さざれ石の　巌となりて　苔のむすまで

この中に「さざれ石の　巌となりて」という一節があります。「さざれ石」とは「細石」と書き、ちいさな小石のことです。それが集まって大きな岩石を形成していく、ということです。日本ミツバチの団結力は、まさにこのことですね。一撃必殺の毒針ではなく、集団の結束力で強大なスズメバチを撃退するのです。一人ひとりの力は弱くても、みんなで協力して、巣（国や社会）を支えているのです。

日本ミツバチの勇気ある行動は「団結」というもののすごさをあらためて私たちに教えてくれます。ミツバチだってやっているのですから、私たち人間にできないことがあるでしょうか。

※問題の答えは「スズメバチを幻惑する」ということで「4．その他」でした。

◇ 資料2 ここまで ◇

日本ミツバチの生態を知って、感心したことは何ですか。

○団結力がすごいと思った。一匹じゃ無力でも、一〇〇匹以上いればすごいことができる。命をかけて協力し、団結してスズメバチを倒した日本ミツバチはかっこいいなぁと思った。ミツバチはすごく人間らしい生き物だな。

○オオスズメバチは一匹でも強いけど、小さくて一匹では弱い日本ミツバチが集団で最強のスズメバチを倒すなんて、とてもすごい。日本ミツバチを尊敬してしまいます。

○まさに日本らしいハチだと思った。西洋のハチはスズメバチに対して何もできないのに、日本ミツバチは勇敢に戦う。それがすごいと思う。日本のハチの武士道?! って思った。団結すれば弱い者も強くなれる。

○自分の身を犠牲にしてまでオオスズメバチをやっつけていて、かっこいい。日本の武士が頭に浮かんだ。集団戦法というところも日本ぽいなと思った。日本ミツバチは、自分が犠牲になってもいいという覚悟で立ち向かっていくのは本当にすごいことだと思う。

『では、次の写真を見てください。ここは埼玉県の南浦和駅です。みんなで何をしているんでしょうか』

電車とホームの間に挟まれた女性救出のため、車両を押して傾ける乗客や駅員ら

平成 25 年 7 月 22 日　読売新聞
写真提供：読売新聞社

『これ、日本人としては、当然の行為だと思いますよ。ところが、これに世界はとても驚きました。どのように報じたのでしょうか。日本の新聞記事とインターネットのニュースを紹介しましょう』

【資料3】

電車押し　女性救出　挟まれ、乗客協力

（平成25年7月22日　読売新聞社）

22日午前9時15分頃、さいたま市南区のＪＲ南浦和駅京浜東北線ホームで、大宮発磯子行き普通電車から降りようとした30歳代の女性乗客がホームと車両の間に落ち、腰のあたりを挟まれた。

車内やホームにいた乗客や駅員ら約40人が協力して車両を押し、隙間を広げて女性を救出。女性は病院に運ばれたが、目立ったけがはないという。

現場に居合わせた本紙記者によると、事故当時、ホームで「人が挟まれています」というアナウンスが流れ、電車の乗客らが自主的に降車。車両を押していた駅員を手伝った。女性は作業から数分で救出され、乗客らから拍手が起きた。

ＪＲ東日本によると、ホームが直線の場合、車両との隙間は20センチ程度という。事故のあった車両は10両編成の4両目で、車輪を含めた1両の重さは約32トン。車輪のある車台と車体の間にサスペンションがあり、車体を押すとサスペンションが伸縮し、車体だけ傾くという。

この影響で京浜東北線に最大8分の遅れが出た。

◇◇◇

電車押し　乗客らが救出　海外で　絶賛報道

(平成25年7月26日　読売新聞社)

本紙が22日夕刊で報じた、さいたま市のJR南浦和駅での女性客救出劇は、現場に居合わせた本紙記者の写真と共に世界各地でも報道された。

ホームと車両の間に落ちた女性を乗客らが力を合わせ助け出したニュースに、「うちの国だったら、乗客は眺めるだけで何もしなかったかもしれない」「英雄的な行動」などの称賛の声が上がっている。

米CNNテレビは22日夜(日本時間23日午前)、キャスターが「日本から素晴らしいニュースです」と前置きし、本紙の写真と共に女性救出を報じた。キャスターは「生死に関わる状況で、駅員と乗客が冷静に協力した」と称賛。…「おそらく、日本だけで起こりうること」として、電車が約8分後に通常運転を再開したことも合わせて伝えた。

英各紙がロイヤルベビー誕生の特集紙面を組む中、23日付ガーディアン紙は、「(駅員や乗客が)

集団で、英雄的な行動を示した」とするAP通信の記事と本紙の写真を国際面で使った。

イタリアの主要紙コリエーレ・デラ・セラのウェブサイトには「イタリア人だったら眺めるだけだろう」といったコメントも。香港でも、中国政府寄りの論調で知られるフェニックステレビのウェブサイトに、「中国で同様の事故が起きれば、大多数の人はやじ馬見物するだけだ」といった書き込みが見られた。

対日関係が冷え込む中国では、政府の指導下にある有力ニュースサイト「中国ネット」が24日、日本での報道を引用する形で事実関係を論評抜きで報道し、国営新華社通信（電子版）などが転載。韓国でも聯合ニュースなどのメディアが、多くは、読売新聞の報道を引用して伝えた。23日の朝鮮スポーツ紙（電子版）は「乗客が力を合わせて救助する感動の写真が話題になっている」と指摘した。

ロシアの大衆紙「コムソモリスカヤ・プラウダ」（電子版）には「どうしてこんなに迅速に乗客が団結できたのだろうか」「他人の命に対して、我々ロシア人も無関心であってはならない」と、驚きのコメントが寄せられた。

タイのニュース専門チャンネル最大手TNNは、本紙の写真を、「日本の人々が生来の結束力を余すところなく示し、困っている人に助けの手をさしのべた、素晴らしいニュース」と紹介した。タイのソーシャルメディアでは、この写真をシェアする人が多く、フェイスブック上では「日本が、また世界を驚かせた」「とっさにこのような行動ができる日本人は、どのような教育を受けているのか」との声も出ている。

日本人の「絆」に欧米 カナダなどの人々が大絶賛！

88800超のいいね！を獲得 Infoseek 楽天 News 秒刊 SUNDAY 二〇一三年七月二五日
(http://news.infoseek.co.jp/article/sunday_4503961?p=1) から抜粋

◆素晴らしいよ！ これがイギリスで発生したらどうなったと思う？ みんなポケットからi-phoneをだして写真撮影、facebook にアップロードするんだ！
◆アメリカでもありえない。そうだ皆写真を撮り始めるのが関の山だ。
◆シカゴは違う。皆、なにもしない代わりにブーブー時間はたっぷり文句を言う。
◆よくやった！ 出勤者達よ！ こんな大勢の人がたった一人のために行動を起こすなんてすばらしい。
◆なんて素晴らしい話！ 一体これだけの人数をどうやったのか？ イギリスでは無理。
◆これこそが「チームワーク」だ！
◆だから将来的に日本が世界を牛耳る日が来る。彼らは目標を掲げて、それに取り組むことに長《た》けている。
◆日本人って本当に素晴らしい。いつも健全な精神の持ち主だって事がわかるよ。
◆日本に住んだことがあるけれども、彼らっていつも助け合って生活している。本当に素晴らしい文化。
◆だから日本って大好き！　これこそが日本人よ！
◆津波のあの悲劇があった時も彼らはパニックにならずにきちんと並んで物を買っていた。日本以外だったらすぐ暴動になっているところだ。
◆これは世界中の人達へのお手本だ。
◆日本人はいつも日本人なんだ！
◆すごい！　全てのヒーロー達が集結したような話。
◆こういう時の相撲レスラーだろ？　相撲レスラーはどこだ？　日本人はいつも他人を気に掛ける事が出来るんだ。
◆だから日本って世界のトップにいるのね？
◆同じことがウォタールー（カナダ）でもあったよ。信じられないことに落ちてしまった人を皆、新聞紙で頭を叩いて責めたんだ。駅員は、何度も何度も乗客に降りるように指示しなくちゃいけなかった。何度もだ。でも乗客たちは口を揃《そろ》えて「こんな事になったのは、私の責任ではないけど!?」と不平だらけだったんだ。全くこんなコミュニティーは大嫌いだ。
◆日本には他のナショナリティーにはない「助け合い」「結束力」「譲り合い」「気遣い」の文化が今なお強く根付いている。

◇　資料3　ここまで　◇

ニュースからは、次の三つの言葉が「日本人の特性」をあらわすキーワードになっているように思います。「①冷静さ　②優しさ　③団結力」です。あなたは、この3つの中でどの特性を大切にして生きていきたいと思いますか。選んだ理由も述べてください。

□**「冷静さ」を選んだ生徒の理由。**

○自分は冷静に考えることなく、行動してしまうことが多いので、冷静にやらなくてはならないことを見極め、考えて行動できるようにするため。

○大変なことが起こってもパニックになったり、人を責めたりしないで冷静にやるべきことをやるのがすごいことだと思ったからです。自分のことだけでなく、他人のことを考えて行動できることがすごいことなんだと思いました。

○冷静さがなければ、優しさも団結力も生み出すことはできないと思うから。

○常に慌てず、物事に冷静に対処することが大事だと思うから。

□「優しさ」を選んだ生徒の理由。

○優しさがなければ、根本的に団結や助け合いにならないから。

○優しい気持ちは人を笑顔にすると思うから、人としてそこを大切にしていきたいです。

○優しさがあれば団結力を補えるし、団結力があれば冷静さが保たれるから、最も大切だ。

○すべては優しさだと思います。「困っている人がいたら助ける」、そんなことは絶対に普通のことだと思う。これを「優しいな〜」と思うのはおかしい。冷静さも団結力も優しさがなければやっていけないと思う。

○私はよく家族や友達に助けられるので、それを他の人に（アカの他人でも）分けてあげたいと思うから。

□「団結力」を選んだ生徒の理由。

○一人でやるよりも多人数の方が、いつもよりももっと大きな力になるから。

○一人ではできない事も、助け合えばできることがあるし、いろいろな人と団結する方が人生楽しくしていけそうだから。

□「すべて」と答えた生徒もいた。

○冷静さだけでも優しさだけでも団結力だけでも、うまくいかないと思うから。このすべてがそろったから、あのいいニュースが生まれたと思う。

『これからの日本を作っていくのは君たちです。日本人の特性を忘れず、先人に恥じない生き方をしたいですね』

《授業おわり》

日本ミツバチの行動を通して、日本人の心を知る授業であった。この授業で、生徒は団結が大きな力を発揮することを再認識するとともに、これこそ日本の伝統であり、かつ、世界が驚く日本の美徳であることを知った。

外国ではなかなかできないようなことを、当たり前のこととしてできる日本人は素晴らしい。君たちも、できるようになってほしいと激励して授業を終えた。以下、生徒の感想である。

○日本人の特性が世界に認められているということを誇りに思い、自分自身もこの特性を持っていられるような人であろうと思う。

○日本がこのような国民性なのがうれしいと思った。自分ではできないかもしれないけれど、精一杯がんばっていけたらいいと思う。

○日本ミツバチと日本人はとてもよく似ていると思う。団結力や優しさを持っていれば、日本人であることに誇りを持って生きていくことができる。

○ミツバチと日本人の団結力は同じように素晴らしいなと思った。日本人だけでなく、日本固有の動物にも日本のいいところが出ているのかなって思った。このようなことを自主的にできる日本人ってすごいんだな。これからも続けていきたい。

○自分を犠牲にして巣を守る日本ミツバチの性格が、日本人の性格に似ていると思った。これからは、日本人の助け合いの文化を大切にしていきたい。

○「優しさと団結力と冷静さ」が特性といわれる日本人ってすごいと思います。誇りに思います。日本人ってかっこいいなぁって思った。

○日本って本当にすごいな~と思った。人もいいし、ハチもいい。なんで昆虫と日本人が似ているのかなと、とても気になった。

○日本ミツバチと同じく、電車とホームの間に人がはさまった事故の時に周りにいた人の団結力はすごいと思いました。日本人でよかった。団結していれば、ケガ人も死人も少なくなると思います。日本は安全な国なんだと久しぶりに思いました。

■参考文献

・「ねずさんのひとりごと『日本ミツバチの結束行動』」
http://nezu621.blog7.fc2.com/blog-entry-1547.html
・『ミツバチのはなし』酒井 哲夫（技報堂出版）
・マイナビニュース「東大、ミツバチが必殺技「熱殺蜂球」を形成している時の脳の活動状況を解明」平成二四年三月十六日
・ナショナルジオグラフィックニュース「熱殺蜂球を形成するミツバチの脳活動」二〇一二年三月十九日
・『日本比較生理生化学 Vol.30, No.2「捕食者スズメバチに対するニホンミツバチの防衛行動—蜂球内でのスズメバチの死の原因解明」』菅原道夫（日本比較生理生化学会）
・授業実践「道徳 南浦和駅の日本人」安達弘（横浜市立小学校教諭）

16 「板東《ばんどう》捕虜収容所 松江豊寿《とよひさ》中佐とドイツ人捕虜」寛容の心

明治維新で「賊軍」とされた会津藩。「降伏人」と蔑《さげす》まれ、下北半島に移住させられた会津藩士たち。松江豊寿は、この極寒・不毛の地で生まれ育った。敗れたりといえども賤《いや》しからず。会津武士道を貫いた捕虜収容所所長・松江中佐とドイツ人捕虜との間に生まれた勝者と敗者の立場を超えた美しい物語である。

《授業はじめ》

まず、戦争捕虜の衝撃的な写真（次ページ）を提示して、次の発問をする。

『この写真は、平成十五（二〇〇三）年のイラク戦争の時の出来事です。何をしているのでしょうか』

息を飲み、目を丸くして見つめる生徒たち。

『実はアメリカ兵がイラク兵の捕虜を虐待しているところです。写真を見て、感じたことをどうぞ』

提供：REX　FEATURES/ アフロ

提供：AP/ アフロ

「衝撃的だ。自分がイラク側だったらと思うと恐ろしい」「人として扱われていない」「やり過ぎ。かわいそうすぎる」「いくら戦争に負けたからといっても、これはもう限度をこえていると思う」「人間ってひどいことするなぁ」

『戦争に負けると誰でもこんな扱いを受けるのでしょうか。今日の資料を読みましょう』

【資料1】

大正三（一九一四）年の第一次世界大戦の時、戦勝した我が国は多くの捕虜を取ることになります。中国・山東半島の青島《チンタオ》攻撃では、約四七〇〇人ものドイツ兵を捕え、日本各地の収容所に送りました。そのうち、約千人が大正六（一九一七）年から三年間、徳島県鳴門《なると》市の板東捕虜収容所で過ごしたのです。

ある日、八九名の新しいドイツ人捕虜が日本兵に厳しく監視されながら、板東捕虜収容所に重い足取りで歩いてきました。

「聞こえる、音楽が…」と戦闘で失明した兵が言いました。遠くからかすかにブラスバンドの音楽が聞こえます。進むにつれてはっきり聞こえてきたその曲は、ドイツの愛国歌『旧友』でした。収容所の門をくぐると、青島で別れ別れになった戦友たちの懐かしい顔が出迎えています。捕虜たちは歓声をあげて駆け寄り、抱き合って再会を喜びました。

すると、「捕虜どもを整列させぃッ！」と引率してきた指揮官がどなりました。監視兵が捕虜たちに銃剣を突きつけます。緊迫した空気が張り詰めました…。

そこに、立派な八の字ヒゲの所長が悠然と現れました。所長は落ちていた帽子を拾い上げ、土を払ってから、「誰のものか」とドイツ語で訊《き》きました。一人の捕虜が手をあげると、ニッコリと笑い、帽子を手渡して言いました。

「私は所長の松江豊寿である。ただいまの衛兵たちの非礼について心からお詫《わ》びするととももに、あらためて歓迎の辞を申し述べる」

ドイツ語のていねいな挨拶に到着した捕虜たちは驚き、顔を見合わせています。松江所長に促された副官の高木大尉が流暢《りゅうちょう》なドイツ語で言いました。

「諸君。本日に限り、就寝時間を十二時まで延長する。二年ぶりの再会だろう。大いに旧交を温めたまえ」

捕虜たちの間からドッと歓声が上がりました。

◇ 資料1 ここまで ◇

『さて、ここで問題です。次の項目のうち、板東捕虜収容所で捕虜に許可したものには○、ダメなものには×をつけましょう』

1. 捕虜は日本の食事が口に合わず、パンやソーセージ、チーズを作って食べた。
2. 日本語教室が開かれ、希望者は勉強できた。
3. 捕虜が編集した新聞が発行され、戦況や日本の様子が記事になった。
4. ドイツ皇帝の誕生日やクリスマスには、お酒を飲んでパーティをした。
5. テニス、ボクシング、サッカーなどのスポーツ大会が盛んに実施された。
6. 簡単なチェックだけで自由に外出が許され、地元の人と交流できた。

『答えを次の資料から読み取りましょう。』

板東俘虜収容所　現・徳島県鳴門市。「俘虜」とは
「捕虜」のことである。
写真提供：鳴門市ドイツ館

松江豊寿所長（中佐）(1872 ～ 1956)　写真提供：鳴門市ドイツ館

【資料2】

一八九九（明治三二）年の「ハーグ条約」及び一九〇七（同四十）年の「第二ハーグ条約」で、『戦争捕虜を人道的に扱うこと』が定められました。国際的な評価を高めて、幕末に欧米諸国と結ばれた不平等条約（治外法権、関税自主権）を改正したい日本も、この条約を批准しています。

それにしても、この板東捕虜収容所の生活は驚くべきものでした。千名の捕虜が収容されている八棟の兵舎に加えて、製パン所、製菓所などの洋式の建物が建っていました。ビールやチーズ、ソーセージなどが作られており、自由に買うことができます。その他、八十軒余りの商店街、レストラン、ボーリング場、テニスコート、サッカー場もありました。捕虜たちは印刷所、図書館、音楽堂、科学実験室、公園、別荘などの施設を造るほか、健康保険組合、郵便局などの運営もしました。また、学習、講演、スポーツ、音楽や演劇などの文化活動も盛んで活気にあふれていたのです。

松江所長はできるかぎり自主的な運営を認めたので、自由で快適な収容所生活を楽しむことができたそうです。クリスマスやドイツ皇帝誕生日などの特別な日には、捕虜はパーティーを開き、ビールで乾杯して羽目を外しました。そんな時、松江所長は夜の点呼や消灯時間、翌日の起床時間を遅らせたといいます。

また、驚いたことに収容所の外でも捕虜の活動が認められていました。捕虜たちは展覧会や演劇、演奏会など、ドイツ文化を広く住民に紹介しました。さらに、菓子作りや製パン、牧畜、

《ドイツ兵捕虜たちの生活の様子》

捕虜の売店　映像提供：鳴門市ドイツ館

捕虜の音楽バンド・マンドリン楽団
写真提供：鳴門市ドイツ館

パン工場　映像提供：鳴門市ドイツ館

地域住民との交流（遠足の朝食）
映像提供：鳴門市ドイツ館

農産物の栽培加工、建築設計などの技術が地域の人々に伝えられています。そのなかには現在でも受け継がれているものがあります。捕虜たちは地域社会に受け入れられ、住民は「ドイツさん」と呼び、心通う交流が当たり前のように行われたのです。

◇　資料2　ここまで　◇

※問いの正解は、すべて○でした。

戦争捕虜への厚遇ぶりに、生徒は大いに驚いていた。

『それでも捕虜にとっては、本当の自由が欲しかったでしょうね。ある日、一人の脱走者が出ました。二日後、自分から収容所に戻ってきたのですが…』

戻ってきた捕虜の処分について、松江所長は何と言ったでしょうか。
（　）に入る言葉を考えましょう。
「目をつぶろう。（　　　　）じゃないか」

生徒の予想は、「(同じ人間)じゃないか」「(とりあえず自分で戻ってきた)じゃないか」「(かわいそう)じゃないか」などであった。もう一つ発問する。


ある日、松江所長は上官から呼び出されました。「捕虜の扱い方が甘くてダメだ」と言われてしまいました。松江所長は何と反論したでしょうか。

「彼らは敵国の捕虜です。しかし犯罪者ではない。

彼らも(　　　　)のために戦ったのです」


生徒は「母国」「家族」「仲間」と答えた。ほぼ正解である。

『正解を次の資料から読み取りましょう。松江豊寿中佐の信念がわかりますよ』


【資料3】

ある日のこと、一人の兵が脱走しました。松江所長は「周囲は海と山、どうせ逃げられない。

ケガなどしないうちに保護したい」と言いました。

二日後、脱走兵が戻ってきます。傷を手当てされていました。しかし、本人は、山の中を逃げ回っていたと言い張っています。報告を受けた松江所長は「彼は山中で道に迷った。それで良かろう」と答えました。「そんなことでは捕虜に対するしめしが…」と反対する部下にこう言いました。

「傷の手当てをしてくれたのは板東の村人だろう。それを言わないのは恩義を感じているからだ。目をつぶろう。武士の情けじゃないか」

「武士の情け」とは、敗者に対するいたわりや優しさを表わす言葉です。そこには勇敢に戦った者に対する尊敬の念が込められています。

※問いの正解は「目をつぶろう。（武士の情け）じゃないか」

ある時、松江所長は東京の陸軍省から呼び出されます。上京すると、捕虜情報局の将校が待ちかまえていました。

「君は捕虜たちからの評判もいいようだが、甘やかせば評判がいいのは当たり前でね。板東収容所については、来月から予算を削ることになった」

「なんですと!?　理由はなんですかっ!?」と松江所長。

「捕虜どもに贅沢《ぜいたく》をさせる余裕などない！」

興奮収まらぬ松江所長は次のように言いました。

「彼らは敵国の捕虜です。しかし、犯罪者ではない。彼らも、祖国のために戦ったのです。

決して無礼な扱いをしてはなりません」

約五十年前の明治維新の時、会津藩は薩長中心の新政府軍と戦いました。敗れて生き残った藩士たちは「降伏人」と蔑《さげす》まれ、本州最北端の不毛の地・下北半島に移住させられました。明治五年、松江豊寿はそこで生れたのでした。会津武士としての誇りが松江中佐を支え、ドイツ人捕虜への同情となっていたのです。

陸軍省呼び出しの一件のあと、予算が削られてしまったので松江所長は山を買いました。木を伐採して収容所の炊事や風呂炊きに使い、節約しようとしたのです。事情を知った捕虜たちは自発的に山に集まり、熱心に働き始めたといいます。
※問いの正解は「彼らも（祖国）のために戦ったのです」

大正八（一九一九）年、ついにドイツが降伏し、パリのヴェルサイユ宮殿で大戦終結の調印式が行われました。五年にわたる戦争が終わったのです。松江所長は捕虜全員を中央広場に集めて、力強いドイツ語で次のようにスピーチをしました。

「われわれには敵味方の区別はなくなった。今や諸君は捕虜ではなく、一個の自由なるドイツ国民となったのである。どうか困難にめげず、祖国ドイツの復興に力を尽してもらいたい」

そして「ただ今より、諸君の外出はまったく自由である！」と宣言しました。

捕虜たちから拍手と歓声がわき上がりました。「ダンケ！ ダンケ！（ありがとう）」という声が収容所を揺るがし、たくさんの帽子が青空に舞い上がりました。

ドイツ兵たちは、これまで親しく交流した板東の人々への感謝の印として、ベートーベンの第九交響曲を演奏する事にしました。実は、これが日本で初めて演奏された「第九」です。演奏前に、ハインリッヒ少将が挨拶に立ちました。

「戦闘に敗れ、我々は捕虜となってこの地に来ました。私は今、誇りをもって、この地を去ることができます。それは松江所長のおかげです。松江所長は、私の人生で最もつらい時期に勇気と力を与えてくれました。我々は、ベートーベンの『歓喜』を感謝の印として皆さんにプレゼントしたい。世界のどこにバンドーのような収容所があったか！　世界のどこに、松江のような指揮官が…」

感極まって、ハインリッヒが声を詰まらせます。会場は水を打ったように静まりかえりました。ハインリッヒは松江所長のもとに歩み寄って、愛用のステッキを差し出して言いました。

「我が友に！」

嵐のような拍手が二人を包みました。

その後、松江豊寿は会津若松市長になり、会津のために働いた後、東京の狛江《こまえ》で余生を送りました。孫の美枝子さんによると、自慢のヒゲを指先でくるくると巻き上げるしぐさが忘れられないそうです。また、「時々、みそ汁がヒゲに付いて、したたり落ちるのを見て、笑いをこらえるのが大変でした」と語っています。

昭和三一（一九五六）年五月二一日朝、松江豊寿は誰に気づかれることもなく寝室で息を引き取りました。享年八三でした。徳島県鳴門市では、今でも毎年六月一日に、市民たちによって「第九」が演奏されています。

◇　資料3　ここまで　◇

松江豊寿中佐の生き方に照らして、今の自分はどうですか。

《授業おわり》

会津武士道を体現した松江中佐の生き方から生徒たちは何を学び取っただろうか。感想をどうぞ。

○松江所長の「軍人である前に、自分は人間である」という風な生き方が、ものすごくかっこいいと思った。自分はあまり他人に気を使えない人間なので、こういう人を見ると感動する。

○会津武士としての誇りがあり、また「武士の情け」を一番よく理解している人だったからこそ、このような行動をとったのだと思う。自分には、そう言う信念とか誇りとかがまだないような気がする。「武士の情け」など日本固有の精神をいつか理解できるようになりたいと思った。
○松江中佐は、どんな人に対しても同じ接し方だった。一人の人間として接していた。感動した。
○自分が大変な経験をして苦労したから、同じような目にあわせたくないと思ったのだろう。日本の武士道精神が、このような行動をとらせたのだと思う。世の中にはさまざまな人がいるから、他人を蔑むことなどせず、親切に接するべきだと思った。
○最初に見たイラク人捕虜の写真の印象と松江中佐が行ったことがまったく違ったので驚いた。松江中佐のように、私も周りの人に優しくしたい。
○敵国の兵士を「人間」として扱ったことが素晴らしいと思いました。道徳で取り上げられる人たちはみんな格好いいですね。私は果たしてこんなことができるかわからないけれど、できるようになりたいです。
○武士の情け…、いいですね。確かに自分の国のために戦ったのにひどい扱いを受ける理由はないですよね。キリスト教などでは、他の神様を受け入れないじゃないですか。だから、味方以外は駄目なんでしょうかね。

■参考文献

・『バルトの楽園』古田求（潮出版社）
・『バルトの楽園』ＤＶＤ（東映）
・『松江豊寿と会津武士道―板東俘虜収容所物語』星亮一（ベスト新書）
・『会津武士道』中村彰彦（ＰＨＰ文庫）
・棟田傳『坂東俘虜収容所物語』（光人社ＮＦ文庫）
・『会津人の誇りを持ち信念をつらぬいた人　松江豊寿』（会津若松市発行）
・「国際派日本人養成講座 人物探訪『松江中佐とドイツ人俘虜たち』」
http://www2s.biglobe.ne.jp/~nippon/jogdb_h18/jog450.html
・授業実践「松江豊寿と板東捕虜収容所」飯島利一（國學院高等学校教諭）

17 「台湾人に愛された八田與一《はったよいち》」公正公平

日本統治下の台湾で実施されたアジア最大級の土地改良事業にまつわる感動の物語である。台湾人の将来を切り開かんと、大規模土木工事に誠心誠意尽くした八田與一。今もなお続く台湾人の與一への熱い想いを認識させたい。

《授業はじめ》

下の写真を提示し、発問する。

台湾南部の山間地に今も腰を下ろす八田與一像。台湾に残った唯一の日本人銅像として知られる

八田與一像　写真：『凛として　日本人の生き方』産経新聞「凛として」取材班（産経新聞ニュースサービス）の137頁より転載

『この写真は、ある日本人の銅像です。よく見て、印象を一言でどうぞ』

「くつろいでいる」「遠くを見つめている」「考え込んでいる」「ネクタイをしているのに半ズボン？　変な格好だ」

『そうですね。ユニークな銅像ですね。工事現場の作業服姿です。この銅像は、かつて日本に統治された台湾に建っています。戦前から残っている日本人の銅像は、唯一これだけだそうです。この日本人の名前は「八田與一」。土木技術者でした』

台湾の位置を、地図（次ページ）を使って解説したら、銅像にまつわる秘話を紹介しよう。


【資料1】

台湾の南西部に、嘉南《かなん》平野という台湾最大の平野にして最大の穀倉地帯が広がっています。ここに水を供給しているのが、烏山頭《うさんとう》ダムという巨大なダムです。ダムのほとりに、ちょっと変わった銅像があります。それが八田與一の銅像です。右手で髪をいじり、左足を投げ出して座っています。ネクタイはしていますが、短パンの作業ズボンに作業靴。銅像になるような偉い人には見えませんね。

台湾の位置

明治十九（一八八六）年、與一は石川県金沢市の大きな農家に生まれました。與一は、東京帝大工科大学土木科に進学し、勉学に励みました。大きな現場で人々の役に立つ仕事がしたいと、大学卒業後、日本統治下にあった台湾に渡り、台湾総督府（台湾を統治する役所）に勤めます。そこで、上下水道の設計や工事をしたり、灌漑《かんがい》事業で米の収穫量を四倍に増やしたりと、台湾の近代化に大きく貢献する仕事をしていました。

台湾総督府の夏季の官服を着た八田與一（金沢市立ふるさと偉人館提供）

八田與一　写真：『凜として　日本人の生き方』産経新聞「凜として」取材班（産経新聞ニュースサービス）170頁の写真より転載

台湾の嘉南平野は十万ヘクタール以上もの面積を持ち、香川県ほどの大きさです。しかし、雨季には洪水、乾季には干ばつ、海岸近くは砂にしみた塩のため作物が育たないという始末に負えない荒れた土地でした。そこに住む農民のほとんどは貧しく、将来の生活を悲観していたのです。

與一は「水を安定して供給すれば、この地を豊かにできる。川の上流の烏山頭にアジア最大のダムを造ろう。ダムから水を引き、平野全体に給排水路を張り巡らせよう」と立ちあがりました。しかし、計画が壮大なだけにお金も莫大にかかります。與一は八十人の部下を引き連れ、ダムを造る場所の調査を行いました。熱帯の酷暑とマラリアなどの病気と闘い、山野を何度も駆け巡りました。苦心の末、ついに国会で総予算四二〇〇万円、期間六年という計画が認められたのです。大正九（一九二〇）年、アジア最大の大土木工事が始まりました。與一、三四歳の時でした。

與一の計画は当時、多くの人々に無理だと言われ、「八田の大風呂敷」と馬鹿にされました。それほどの大事業だったのです。

大工事にあたって、與一は新しい三つの

方法を取り入れました。一つ目は、セミ・ハイドロリック・フィル工法です。土と石の組み合わせでコンクリート以上の強度を持つ堤防を造る特殊工法で、世界でまだ誰も取り入れたことのないものでした。さすがに心配した総督府はわざわざアメリカの学者に調査を依頼しましたが、案の定、反対されました。しかし、自信をもっていた與一は工事を続行しました。

二つ目は、大型土木機械を数多く取り入れたことです。大型機械は高額です。操作できる者もいません。しかし、「機械を使って早く工事が終われば、早く費用が回収できる」と反対する者たちを説得しました。驚いたことに、與一はアメリカに調査に行った時、自分で機械を買い付けてきてしまったのです。

◇　資料1　ここまで　◇

烏山頭ダムの建設現場に導入された、米国製のスチームショベル（呉明韞氏提供）

八田與一がアメリカから購入した大型土木機械
写真：『凜として　日本人の生き方』産経新聞「凜として」取材班（産経新聞ニュースサービス）の155頁より転載

大工事にあたって、與一が取り入れた三つ目の方法は何でしょうか。ヒントは、「人」に対するものです。

生徒の予想は、「農民からお金を集めて資金にした」「外国人をたくさん雇った」「給料をたくさん払った」「人に優しい環境に配慮した工事をした」などであった。

【資料2】

與一は「良い仕事は、安心して働ける環境から生まれる」という考えを持っていました。したがって、三つ目の新しい方法として、ダムを造る労働者や家族のために町づくりをしたのです。これはもう、信じられないようなことでした。

住宅をはじめ、商店、市場、病院、学校、浴場、弓道場、テニスコート、プールなどを造り、山奥の烏山頭に小さくとも活気ある町を出現させたのです。「働く者は、日本人も台湾人も皆いっしょだ」との與一の信念に基づき、家族で烏山頭に引っ越し、ダム工事を行う日本人と台湾人二千人も移り住みました。この台湾の山奥の町に日本から芝居の一座を呼んだり、映画会やお祭りといったイベントも実施しました。與一は「働く人間を大切にすることが、工事の成功に結びつく」という考えを貫きました。

工事では事故が起きたり、関東大震災で予算が不足したりと苦労が絶えません。トンネル工事でガス爆発が起こり、日台あわせて五十名以上の死者が出る大事故があった時のことです。與一は陣頭指揮をとり、原因究明と遺族へのお見舞いに奔走しました。これで工事は中止に追い込まれるかもしれませんでした。しかし、台湾人たちは

「八田さんは俺たちのおやじのようなものだ。俺たちのために、台湾のために、命がけで働いているおやじがいるんだ。俺たちだってへこたれるものか！」

と、逆に與一を励ましたのです。

そして昭和五（一九三〇）年、十年の歳月と五千億円の費用をかけ、ついに烏山頭ダムをはじめ、一万六千キロの水路、分水門や発電所など四千もの施設からなる「嘉南大圳《たいしゅう》」が完成しました。大圳とは大きな農業用水のことです。この嘉南大圳は何と万里の長城の六倍、地球半周にあたる長さでした。

灌漑水路担当だった摩欽福《りょうきんぶく》さんは、当時の様子をこう語っています。

用水路に初めて水が流れてくる日、彼は仲間と手分けして、水路に流れてくる水を自転車で追いました。

「おーい、来たぞ！」「よし、あの水を追え！」

水は、幹線から支線、分線へとゆっくり流れて行きました。農民たちも自宅近くの水路まで

出てきて、水が流れてくるのを大喜びで見ていました。

與一はダムを造っただけでなく、その使い方まで農民たちに指導しました。なぜなら、ダムと二つの大きな川を使っても、全農地に水が行き渡らないからです。そこで、農地を三つに分け、それぞれ稲・さとうきび・その他の作物と一年ずつ順番につくり、水の恩恵を平等に受けられるようにしたのです。

こうして、嘉南平野は台湾最大の豊かな土地に生まれ変わりました。そして、六十万人もの農民は與一を慕っていつしか「嘉南大圳《たいしゅう》の父」と呼ぶようになりました。

◇資料2　ここまで◇

※問いの正解は「労働者のために町を作ったこと」

與一は嘉南大圳の完成後、工事中に亡くなった一三四人の労働者のために「殉工碑《じゅんこうひ》」を建てました。完成した碑を見た台湾の人たちは、感激しました。なぜ台湾の人たちは、殉工碑を見て感激したのでしょうか。

生徒は「労働者の死を悲しんでくれたから」「碑が立派だったから」と答えた。資料で確認しよう。そして、銅像にまつわる知られざる実話を紹介する。

【資料3】

與一のすばらしさがよく表れているのが、今もダムの放水口近くに建つ「殉工碑」です。碑には、日本人・台湾人の区別なしに、死亡した順番に名前が刻まれていました。そこには「統治している者（日本人）」と「統治されている者（台湾人）」という関係はありません。皆を平等に扱ったことに、台湾人は感激したのです。

※問いの正解は「日本人と台湾人を平等に扱ったから。同胞として扱ったから」

すると、地元の人々は與一の銅像を作りたいと申し出ました。しかし、與一は断りました。「自分は一技術者だ。正装して威厳に満ちた格好は似合わない」。

それをどうにか説き伏せて造ったのが、最初に紹介したユニークな銅像です。この銅像を嘉南の人々は、ダムで出来た湖が見える小高い丘の上に設置しました。

大東亜戦争（太平洋戦争）開戦の翌昭和十七（一九四二）年、與一はフィリピンの灌漑《かんがい》計画の仕事を命ぜられ、調査に出発しました。こともあろうに、その船がアメリカの潜水艦に沈められてしまったのです。與一、五六年の生涯でした。

像が見下ろす湖は、現在も嘉南平野に農業用水を供給している

写真：『凛として　日本人の生き方』産経新聞「凛として」取材班（産経新聞ニュースサービス）の 138 頁より転載

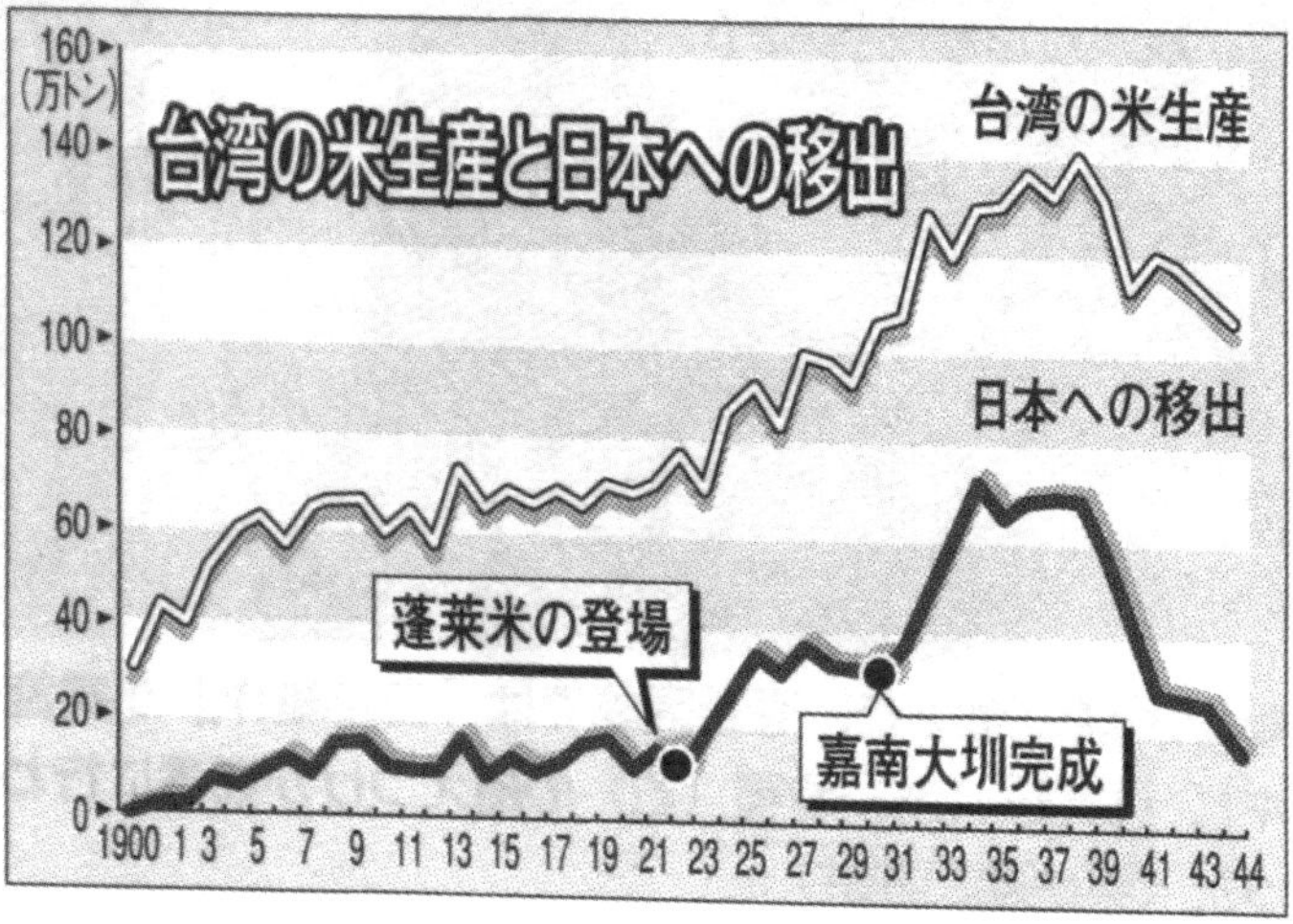

図版：『凛として　日本人の生き方』産経新聞「凛として」取材班（産経新聞ニュースサービス）164 頁より転載

心の支えを失った妻の外代樹《とよき》さんは、悲しみに耐えていました。しかし、日本が戦争に負けた結果、日本人が台湾にいられなくなることを知った外代樹さんは、夫が精魂込めて造った思い出の烏山頭ダムの放水口に身を投じ、後を追いました。享年四五でした。

戦争中の日本は金属資源が不足しており、あらゆるものが国に供出されていました。いつしか與一の銅像もダムのほとりから姿を消し、誰もが運命とあきらめていました。

しかし一九八一（昭和五六）年、溶かされてしまったはずの銅像が突如姿を表したのです。何と、與一への感謝の気持ちを忘れない地元の人々が隠していたのです。戦後、中国国民党政府が、日本時代の痕跡《こんせき》を一掃して台湾を支配しようとした時期も、地元の人々は隠し続けました。このような状況下で日本人の銅像を隠すことには命が掛かっていました。

銅像を隠した一人、呉《ご》徳山さんは次のように言っています。

「『隠していることが知れたら捕まるかもしれない』と反対の声もありました。しかし、『嘉南平野にたいへんな恩恵をもたらした人だ。技術に国境はない』という多くの人の声で銅像は守られました」

銅像は、與一の家族がかつて住んでいて空き家になっていた家のベランダに隠されていたのです。地元の人々はこの家の前を通る時、手を合わせて拝んでいたといいます。

月日が流れ、台湾の経済も豊かになり、民主化が進み始めた一九八一年、再び與一の銅像は元の場所に戻すことができるようになりました。

台湾に唯一残る日本人の銅像は、台湾人の手によって七十年以上も守られてきました。與一と外代樹の墓は銅像のすぐ後ろに、地元の人々によって日本式で作られています。毎日きれいに掃除され、今でも花束が絶えることがありません。毎年、與一の命日である五月八日、銅像と墓の前で追悼式が開かれます。式は與一の死から今まで、ただの一度も欠かさず、地元の人々の手で続けられてきたのです。

台湾で、與一はマンガやテレビドラマ、映画にもなっています。二〇一一（平成二三）年、與一の家が復元され、記念公園も作られました。烏山頭ダム入り口から公園に続く道路は「八田路」と改名されました。與一ほど台湾人に愛されている日本人はいないでしょう。しかし、悲しいかな、與一の名もその功績も、私たち日本人の間ではほとんど知られていないのです。

◇　資料3　ここまで　◇

台湾の人々が、なぜ銅像を守ってきたのか改めて考えてみましょう。八田與一の生き方に照らして、今の自分はどうですか

《授業おわり》

東日本大震災の時に、最大の支援をしてくれたのは台湾であった。台湾の親日感情の背景にある日本の統治政策のすばらしさを、公教育の学校で公正に教えなければならないと思う。以下、生徒の感想である。

○台湾の人たちは、台湾人を差別せず仲間として見てくれて本当にうれしかったんだと思う。自分も與一のように民族などで差別しない人になろう。

○こんなすばらしい日本人技術者がいたことを知れてよかった。戦争で死んでしまったのは本当に残念だ。生きていればもっと大きな仕事をして人々の役にたったのに。奥さんが自殺してしまい、とてもかわいそうだった。

○八田さんは、ただ技術がすごいだけでなく、人の心もよくわかる優れた人物だと思った。台湾の人たちが今でも追悼してくれているのを知って、とてもうれしい気持ちになった。

○與一が今でも台湾人に慕われていることを知って驚いたし、感動した。自分もいつか與一のように大きな仕事をして、人に喜んでもらえるようになりたい。

※注　戦前の台湾は日本の「植民地」ではない。日本の統治下、即ち「内地の延長」である。当時の台湾人は日本国民であった。インド人がイギリス国民の扱いを受けず、あくまでインド人だったのは植民地だったからだ。朝鮮も台湾と同様、内地の延長であったことは言うまでもない。誤解に基づく言説が蔓延《はびこ》っているので念のため注記した。

■参考文献

・『日台の架け橋・百年ダムを造った男』齋藤充功（時事通信社）
・『「武士道」解題』李 登輝（中華民国元総統）（小学館）
・『台湾人と日本精神』蔡 焜燦（小学館文庫）
・『台湾紀行』司馬遼太郎（朝日新聞社）
・『海をわたり夢をかなえた土木技術者たち』加古里子・緒方秀樹（全国建設研修センター）
・『凛として 日本人の生き方』（産経新聞社）
・授業実践「嘉南大圳の父・八田與一」佐藤民男（東京都小学校校長）

18 「絆の物語～アーレイ・バーク」日本人の伝統精神と集団生活

平成二五年の流行語大賞に選ばれた言葉に「おもてなし」がある。おもてなしの中核にあるのは、相手が望むことを察する「気遣い」の心であろう。これこそ、日本人が長い歴史の中で育んできた優れた能力である。この二つの道徳的行為の根幹には「思いやりの心」がある。これらの伝統的精神によって日本社会の心地良さが支えられているといってもいい。「おもてなし」と「気遣い」が取り持った日米の絆の物語をとおして、他文化で育った人々にはなかなか真似のできない日本の「おもてなし文化」の良さを再認識させる授業である。

《授業はじめ》

一枚の写真を提示する。

滝川クリステルさん　写真：AP/ アフロ

『写真は、五輪招致のプレゼンテーションです。滝川クリステルさんは、何と言っているでしょうか』

「お・も・て・な・し」

『お客さんに喜んでもらうという発想は、日本人の得意とするところですね。今日は、外国人を感動させた日本人の「おもてなしの心」について勉強します。

では、まったく話が変わりますが、「トモダチ作戦」を覚えていますか。知っていることを言ってください』

「東日本大震災の時、アメリカ軍による救援活動のことです」

『平成二三（二〇一一）年三月十一日、日本に甚大な被害をもたらした東日本大震災がおこりました。自衛隊や警察、消防が必死の救援活動を繰り広げましたね。これを見て、すかさずアメリカ軍が「トモダチ作戦」と名付けた日本への復興支援を開始します。瓦礫《がれき》を除去したり、多くの救援物資を届けてくれました。

実は、このお話の裏には六十年以上も前におきたひとつの物語があったのです』

【資料1】

それは、大東亜戦争（太平洋戦争）の終結からわずか五年後、昭和二五（一九五〇）年九月のことです。まだ戦火の傷跡が残る日本に、一人のアメリカ人がやってきました。

アメリカ海軍提督アーレイ・バーク
写真提供：共同通信社

アメリカ海軍の提督、アーレイ・バーク大将です。バークは駆逐艦乗りです。海中に潜む潜水艦を追い詰め、巨大な戦艦も追い回す駆逐艦乗りには、日米ともに「猛将」といわれた人が多くいました。バークもその一人です。

バークは大東亜戦争の中でも、日米合わせて九万人以上もの犠牲を出した激戦「ソロモン海戦」で日本軍の脅威となった男でした。そのバークが、敗戦国日本を支配する占領軍の海軍副長として、アメリカから派遣されてきたのです。それは、「朝鮮戦争」勃発の直後のことでした。

バークが東京の帝国ホテルにチェックインした時のことです。

従業員「バーク様、お荷物をお持ちいたします」

バーク「やめてくれ。最低限のこと以外は、私に関わるな！」

実は、バークは筋金入りの日本人嫌いでした。バークの心には、敵だった日本人への激しい憎悪が燃えていました。

戦争中には、「日本人を一人でも多く殺すことが重要だ。日本人を殺さないことなら、重要でない」という訓令を出したほどでした。

ついこの間まで、戦争で敵として戦い、多くの仲間を失っているのですから、当たり前の感情でしょう。バークは、公の場で日本人を「ジャップ」「イエローモンキー」と差別的に呼び、露骨《ろこつ》に日本人を蔑《さげす》みました。したがって、いくら日本人の従業員が話しかけても無視したのです。

バークが日本に来てから一ヶ月ほどしたある日のことです。

「それにしても、なんて殺風景なんだ、この部屋は！」

ベッドと鏡台とイスだけの部屋を見て、せめてもの慰みにと、バークは一輪の花を買ってきてコップに差しました。このあと、この花が意外な展開をたどることになります。

翌日、バークが夜勤から戻ってみると、コップに差してあった花が、花瓶に移されていたのです。

◇　資料1　ここまで　◇

『花瓶に移された花を見たバークは、このあとどうしたと思いますか』

「感謝した」「日本人への態度が柔らかくなった」と答えた生徒もいたが、「また、コップに移しかえた」「ホテルの従業員を怒鳴った」「日本人を憎んでいるのだから、花瓶を割った」「苦情を言いに行った」と多くの生徒は「関わるなと言っているだろう！」と怒りをぶちまけたシーンを想像した。では、ことの顛末はどうなったのであろうか。

【資料2】

バークはフロントに行き、苦情を言いました。

バーク「なぜ、余計なことをした。誰が花を花瓶に移せと言った!?」

従業員「恐れ入りますが、ホテルではそのような指示は出しておりません」

バーク「何だって!?　うーむ…」

この時は誰が花瓶に移したのか分かりませんでした。

そして数日後…、何と花瓶には昨日まではなかった新しい花が生けられていました。

「いったい誰がこんなことを……」

花はその後も増え続け、部屋を華やかにしていきました。バークは再びフロントへ行きました。

「私の部屋に花を飾っているのが誰なのか、探してくれ」

調べた結果、花を飾っていた人物が分かりました。それは、バークの部屋を担当していた女性従業員でした。彼女は自分の少ない給料の中から花を買い、バークの部屋に飾っていたのです。それを知ったバークは彼女を呼び出し、問い詰めました。

「君は、なぜこんなことをしたのだ」

「花がお好きだと思いまして」

「そうか。ならば、君のしたことに代金を払わねばならない。受け取りなさい」と彼女にお金を渡そうとするバーク。ところが彼女は、

「お金は受け取れません。私はお客様にただ心地よく過ごしていただきたいと思っただけなんです」

「どういうことだ？」

アメリカではサービスに対して謝礼（チップ）を払うのは当たり前の習慣です。しかし、彼

女はお金を受け取ろうとしません。

このあと、彼女の身の上を聞いたバークは驚きました。彼女は戦争未亡人で、夫はアメリカとの戦いで命を落としていたのです。しかも、彼女の亡き夫も駆逐艦の艦長で、ソロモン海戦で乗艦と運命を共にしたのでした。

バークは、「あなたのご主人を殺したのは、私かもしれない」と彼女に謝りました。

ところが彼女は毅然としてこう言ったのです。

「提督。提督と夫が戦い、提督が何もしなかったら提督が戦死していたでしょう。誰も悪いわけではありません。強いて言えば、戦争が悪かったのです」

バークは考え込みました。

「自分は日本人を毛嫌いしているというのに彼女はできる限りのもてなしをしている。この違いは、いったい何なんだ⁉」

のちに、バークは次のように言っています。

「彼女の行動から日本人の心意気と礼儀を知った。日本人の中には、自分の立場から離れ、公平に物事を見られる人々がいること。また、親切に対して金で感謝するのは日本の礼儀に反すること。親切には親切で返すしかないこと、を学んだ。そして、自分の日本人嫌いが正当なものか考えるようになった」

こうして、バークの日本人に対する見方は一変したのです。

折りしも朝鮮戦争は激しさを増していました。バークは一刻も早くアメリカの日本占領を終わらせ、日本の独立を回復するようにアメリカ政府に働きかけるようになりました。なぜなら、東アジアにしっかりした独立国が存在することがこの地域の平和を安定させるからです。そして、その日本の独立を守るために絶対に必要なのが「日本海軍の再建」であると主張しました。まだ終戦五年後ですから、アメリカ人の多くがまだ反日感情を持っている中です。バークは根気強く説いてまわり、ついに海上自衛隊の設立が実現しました。

帰国したバークはアメリカ海軍のトップである作戦部長に就任します。この時、バークは最新鋭の哨戒機《しょうかいき》P２Vを十六機、小型哨戒機を六十機も海上自衛隊に無償で提供しています。

昭和三六（一九六一）年、バークは海上自衛隊の創設に力を尽くした功で、日本から勲一等旭日大綬章（最高位の勲章）を贈られました。

平成三（一九九一）年、バークは九六歳で亡くなります。各国から多くの勲章を授与されたバークですが、葬儀の時に胸に付けられた勲章は日本の勲章ただ一つ。それは本人の遺言でした。そのため、ワシントン海軍博物館のバーク大将の展示には、日本の勲章だけが抜けたままになっています。

◇　資料２　ここまで　◇

女性従業員の考え方やバークの心の変化について、感心したことは何ですか。

○従業員の女の人は、アメリカとの戦いで悲しいことがあったのに、アメリカ人に心からおもてなしをしているところに感心した。
○夫を殺したかも知れない人を責めなかったこと。この女性の心の強さが素晴らしい。
○戦争の相手だったアメリカ人にもお客様として、個人的な感情を表さずに行動した日本人はすごい。
○誰にでも公平に接するという気持ちを持って、客をもてなすために少ない給料の中から花を買ってあげたこと。お金を受け取らないところもよかった。
○日本人は「お金」ではなく、「気持ち」で感謝を表すということ。
○一人の日本人によって、バークさんが日本のために行動するようになったこと。
○人の話を聞いて、他人の良さに気づき、自分の考えを改められるバークさんもすごいと思った。
○敵対していた日本のために、こんなにも尽くしてくれたバークさんはすばらしい人だ。
○バークさんが日本の勲章だけを付けて葬られているという話は感動した。

『バークさんが亡くなって二十年後のこと、日本に大変な危機が訪れました』

【資料3】

平成二三年三月十一日、東日本を巨大地震が襲いました。この戦後最大の国難に際して、在日アメリカ軍は直ちに「OPERATION《オペレーション》 TOMODACHI＝トモダチ作戦」を発動しました。

米原子力空母ロナルド・レーガン
写真提供：共同通信社

会見する艦長のトム・バーク大佐
写真提供：共同通信社

支援物資の荷下ろしを手伝う被災者　提供：USMC/アフロ

このトモダチ作戦で、もっとも早く被災地に着いたのが、原子力空母ロナルド・レーガンです。本来は、韓国に向かう任務で移動中でしたが、艦長の独断で日本の救援に駆けつけてくれたのです。その艦長の名は、トム・バーク。奇しくも、あのバーク大佐と同姓です。不思議な縁を感じますね。

バーク大佐は、ヘリコプターのパイロット出身でしたから、空母のことは副長に任せ、自分は救援物資を積んだヘリを操縦して、避難所を飛びまわったそうです。

このような自然災害が発生した場合、世界中でどんな光景が見られるか知っていますか。住民たちによる食料の取り合いが始まります。こうなると、ヘリコプターといえども危険で着陸できないそうです。何とか着陸した途端《とたん》、被災住民が銃を撃ちながら食料を取りに来ることもあるといいます。したがって、たいていは低空から支援物資を空中投下することになります。

しかし、東北地方はどの避難所にもヘリが着陸しやすいように、着陸の目印「H」が書いてありました。ヘリが着陸すると、被災した住民が荷降ろしを手伝いました。終わったら、全員がお礼を言って見送ってくれます。これには、世界各地で救援活動をしてきたバーク大佐も驚いたそうです。みずから「東北地方では、一件の略奪も殺し合いもなかった」と軍の機関紙『星条旗』に書いています。被災した日本人のこのような行動は、変な言い方ですが、助けてもらう時の「おもてなし」の態度とでも言えるのではないでしょうか。

さらに、住民たちは必ず「ここはこれだけで良いから、別の避難所に持って行ってください」と言いました。そんなことを言われたことも、日本だけだったそうです。

人間、極限状況にある時ほど、その本性があらわれると言います。日本人には「みんなが困っている時ほど他人を思いやる」という遺伝子が備わっているように思います。

時が流れていくと、変わってしまったり、失われてしまうものがあります。しかし、そんな中で、変わらないのが日本人の「人を思いやる心」です。いつまでも護《まも》り伝えていきたいですね。

◇　資料3　ここまで　◇

《授業おわり》

今日のお話から学んだことは何ですか。日本人の伝統的精神「人を思いやる気持ち」は、今の自分にありますか。

私たちは安全で物にあふれた日本に生きている。飢えることはなく、生命の危険を感じることもなく、夜道を女性が一人で歩いても安心だ。こんなすばらしい国は世界にない。しかしながら、これにどっぷりつかって思考停止してしまうと、大人も子供もなれ合いになりがちな日常生活の中で大切なことを見失うことにもなりかねない。思いやりの気持ちも、その大切なことのひとつである。この授業を通して生徒たちは思いやりの精神の美しさを再認識したようである。日本人としてこれを身につけようとの意欲を感じさせる感想が多かった。

○自分は、他人に親切にしてあげたり、お礼を言わなければならないところを怒ったりしているのかも知れないと気付いた。この女性従業員のように、自分ももっと他人に対する思いやりを大事にしていきたいと思う。日本人として生まれてきたのだから、もっと「気遣い」というものを知りたい。

○「人を思いやる」ことは自分の意思でできることなので、一人ひとりが思いやりの気持ちを持つことが大切だ。大人だろうと子供だろうと、自分のことだけでなく、しっかりと周りのことを考えれば、悲しむ人や苦しむ人が少なくなるだろう。何より、お互いが良い気持ちになる。やはり思いやりの気持ちは、持った方が絶対に得だと思った。

○日本人の人を思いやる気持ちはずっと受け継がれています。大震災のような極限状況の中でも人を思いやるという本性を、私も受け継いでいかなければいけないと思いました。私は弟と物を取り合ったりすることがありますが、思いやりの気持ちを忘れずに、少し考えて譲れることは譲ろうと思いました。

○今の時代、他人を思いやれる人は少ないように感じてます。ですが、人々の中にはホテルの従業員の人やバークさんのような人もいます。そんな美しい日本人の伝統的精神を、この時代に甦らせたいと思いました。

○自分たちが危険な状況に陥っているにもかかわらず、「人を思いやる心」を持ち続けている日本人は、世界の中でもすごい存在なのだなと改めて学びました。私自身も、どんな時でも相手にお礼や感謝の気持ちをしっかりと伝えられるような日本人になりたいと思います。

○日本人の「おもてなし」や「思いやり」の文化はすごいと思った。自分もそのような文化を護っていけるように、見習っていきたい。できる親切をしてあげたい。

■参考文献

・『海の友情―米国海軍と海上自衛隊』阿川尚之（中公新書）

・ビーバップ！ハイヒール「半世紀の時を超えて…『一輪の花』から始まった絆の物語」ABC（朝日放送）二〇一三年放送

本項、18「『絆の物語～アーレイ・バーク』日本人の伝統精神と集団生活」の記述の中に、授業当時ではわからなかった事実が明らかになりました。

二七八ページに「その艦長の名は、海軍大佐トム・バーク。そうアーレイ・バークの孫です。」と記述していましたが、著者が在日米軍基地の広報担当に確認したところ、「血縁関係はないと思われます」ということで、「孫」という記述は間違いであることがわかりました。よってその部分を訂正し、該当ページを差し替えました。謹んでお詫び申し上げます。

（平成二十八年十一月十日）

19　三年間、服部道徳を受けて生徒の感想

　卒業期の空いた時間を利用して、三年間、服部道徳を受けてきて、感じたこと、わかったこと、深まったり広がったりしたことを振り返りシートに書かせた。中学生という人生で最も多感な時期の生徒に何を残せたのか。ごく一部の抜粋だが、お読みいただきたい。

○道徳の授業では、特にこのような人間になりなさいなどとは言わずに、人の生き方や行動を読み取って自分で考えさせられたので、とても良かったです。感動することもたくさんあって、自分を見つめ直すこともできました。

○自分自身では考えられない人生を送ってきた人々の物語を知って、これからの自分はどう生きていこうか、という気持ちになりました。また、日々の中で得ることが大きかった一つが、この道徳の授業でした。三年間、さまざまな資料を使って、自分の考える幅を増やしていただき本当にありがとうございました。

○道徳はなぜやらなきゃならないのか、ずっと不思議に思っていました。しかし、三年間取り組んで、私はこういう考え方もあるのか、こんなすごいことがあったのかといくつもの新しい

発見ができ・その結果、やる前よりいろんな考え方ができるようになり、しかもそれが広がっていったように思います。やはり人間、道徳も大切で必要なんだと学べました。

○授業で出てきたどの人もすごい人で尊敬しました。僕もそういう人の生き方をまねて生きていきたいです。どのこともとても大事なことで、実際にやっていきたいなと思うことも多くあり、感動することもありました。高校に行っても、この道徳で学んだことを大切にしたいです。

○いつもの感想では、ありきたりなことしか書けなかったけれど、少しずつでも良いことに触れたり、昔の人の偉大さを感じ取ることが、自分の道徳心や公徳心をつけていくのに大切なことだと思っていた。

○日本人には、国境に関係なく、誰かのために頑張れる人がたくさんいたことがわかりました。同じ日本人としてすごく誇りに思えたし、日本人で良かったと思えることが何回もあった。私もそのような日本人になりたいと思っている。

○私が印象に残っている道徳の授業は、その内容のほとんどすべてが思い出せるほどのものです。それくらい印象が強かったです。この三年間の道徳で学んだことを、これからの人生に役立てたいです。私は人の役に立てるような人になります。

○三年間で日本人としての誇りとか命の大切さとか、すごく難しかったけど、とってもためになったと思います。道徳で学んだことを活かして、自分のことだけの人間にならないように周りの人を考えたいと思いました。

○私が、道徳で興味を持った話はだいたい昔の日本人の話だった。その人たちは、今の日本人より強い意志を持っている人が多くて、世界に誇れる人たちだった。そんな人たちの学習をするたびに、自分もこんな日本人になれるかな、と思うようになった。
○道徳の授業で知ったことをちょっとやってみたこともあったし、気を付けるようにもなったと思います。道徳で見た資料は、どれも本当に自分の役に立つことや感動することばかりで良かった！
○人としてどうあるべきか、どのような行動をとるべきか、いろいろなことを学びました。自分は義の心をこれからも大きく成長させていきたいです。
○集中して取り組めた。ものの考え方が変わったこともあった。これからの人生に活かしていけると思う内容ばかりだった。知らなかったことも多く、昔の人の偉大さや辛さなど、今知ることができて良かった。
○戦争中に日本人が見せた武士道の精神の話や江戸時代の話が印象に残っています。昔の日本人にあって、現代に失われてしまったものが何なのかがはっきりわかった。道徳の授業は人の良いところを学び、自分に吸収できるいい機会だった。
○三年間の道徳の授業では、ちょっとめんどくさい時もありましたが、どれも感動する話で心に残っています。自分の考えもかなり変わったと思います。実は、三年間、服部先生が作ってくれるプリントを親も楽しみにしていました。

○道徳の時間のおかげで心が広く豊かになった気がした。また、戦争から学べることはたくさんあるということにも気付くことができました。世界の平和について考えるようになりました。
○世の中ではこんなことがあるんだと初めて知ることばかりで、とても楽しく学習できました。毎回、心にしみる話で、自分の人間としての考え方の幅がとっても広がりました。今までよりも人のことを考えて行動できるようになったと思います。
○自分の生き方について考えてみることのできる内容のものが多かったと思いました。道徳の話に出てくるような人になりたいなと感じました。この世界に生きている一人の人間として、私も何かに挑戦していきたいと思います。
○授業の中で道徳が一番好きでした。昔の出来事や歴史などを楽しく学べるのですごくおもしろかったです。偉い人たちの生き方を通して、人間の性質などを知ると、「自分にもできるかなぁ」と前向きに考えることができたりもしました。うれしく、幸せになる気分でした。
○道徳の授業を通して感じたのは、人の幸せを考え、親切にすることで、自分も幸せになれるということでした。自分の夢をつかんだり、目標を成し遂げるためには、人を大切に思いながら行動することとつながっているのではないかと思います。私もこのような生き方ができるように努力していこうと思います。
○道徳の授業は、ためになることがたくさんありました。それぞれに共通しているのが登場人物が「自分の考え」をしっかりと持っているということです。私も、これからは人に流されず、自分の考えを持って物事に取り組みたいです。道徳の授業を受けて、自分は成長できたなぁと思いました。

あとがき

文部科学省が進める「道徳の教科化」では、新しい試みとして体験学習の要素を取り入れるとか討論（ディベート）中心の授業にするなど、方法論が話題になっています。しかしながら、本当に大切なのは「教える内容」ではないでしょうか。

『子ども・若者白書』平成二六年度版(内閣府)を見ると、調査対象国(日米英独仏韓スウェーデン)の中で、日本の若者の異常さが浮き彫りになっています。

例えば、日本の若者は「自分自身に満足している(自己肯定感)」最下位。「自分には長所がある」最下位。「うまくいくか分らないことにも意欲的に取り組む」最下位。「社会問題に関与したい」最下位。「社会を変えられるかもしれない」最下位。「四十歳の時、幸せになっている」最下位。「将来への希望がある」最下位。しかし、一位もありました。目を凝らすと、「つまらない、やる気が出ない」一位。「憂鬱だ」一位…。日本はどうなるのかと慨嘆します。

私はいまだに戦後特有の敗戦国史観の枠組みの中で道徳教材が作られていることに違和感を持ち続けてきました。我が国には千年以上の歴史に育まれてきた徳目や価値観があるのに、戦後数十年の思考に縛られています。そこで、私は「気概ある日本人」を育てる道徳授業を追求してきました。気概ある日本人とは何でしょうか。それは歴史と先人から学び、正義と勇気を重んじる日本人です。謙虚で己の本分を全うする日本人。そして祖国日本に誇りを持ち、より良い国づくりに参画しようとする国際派日本人です。

しかしながら、戦後特有の思考枠はあまりにも一般化し、これを疑ってみることすら蛮行の如く見られてしまう空気があります。それが顕著に表れているのが「命」を扱う授業でしょう。今の学校教育では「命を大切にしよう」ということが至上命題として教えられます。生命以上の価値は認めていません。したがって、命は「自他ともに大切だ」と教えても、畢竟《ひっきょう》、人間は弱い生き物ですから自分の命の方を優先することになります。ここに偏向した人権教育が拍車をかけて、自分さえよければいいというエゴイズムに流れていきます。

私は決して命を軽んじているわけではありません。命は尊いです。しかし、実態としては露ほどの重さしかありません。無常観といってもいいですが、この認識がないと我が国の古典すら理解できないでしょう。

その儚《はかな》い命も使い方によっては偉大なことが成し遂げられるのです。子供には「命の使い方」を考えさせなければなりません。そのうえで、世の中には自分の命より大切なものがある、命をかけても守るべきものがあるという価値観に気付かせるのです。これがわからないと、命を投げうって他を生かす利他の精神を発揮した先人の偉大さが理解できず、「かわいそう」という単純な同情や憐れみで終わってしまいます。これでは自分の命も他人の命も大切にできる人に成長できるとは思えません。

作家の曾野綾子さんが「日本の学校では義務教育の中で、まだ人の死に方を教えていないらしい。すべてのものに終わりがある、という簡単なことさえ解らずに、人は死なないと思っている子までいるという…」（「透明な歳月の光」平成二六年産経新聞）と嘆息されています。

戦後教育は「人の死に方」にかかわる深い意味での命の尊さを見ないようにしているのです。例えば、神風特攻隊の隊員は愛する家族や友人、そして日本のために飛び立ちました。特攻隊の遺書の授業をすると「戦争を美化している」とか「命を軽んじている」と批判されることがあります。しかし、私はこう考えます。戦争は所与の条件として存在しているのです。その極限状況の中で何を決断し、どう行動するのか…。究極の選択の結果、彼らは今を生きる私たちのために闘い、一つしかない命を捧げたのです。沖縄のひめゆり部隊などの女学生も同じです。こうして犠牲になった人々の心情に報いるには、我々は鎮魂と慰霊、そして「感謝の心」をもってするほかないでしょう。「かわいそう」と「感謝」の間には大きな隔たりがあります。戦争の悲惨さを学ぶことの意義を否定はしません。しかし、戦没者の心情に寄り添うこともせず、表層的な理解でこと足れりとする授業にはがっかりします。

道徳は英語で「virtue」です。「美徳」とも訳されます。ラテン語のvirtusが語源だそうです。これには「勇敢な行為」「自己犠牲を伴った行為」という意味があるといいます。また、ヨハネ福音書には「友のために自分の命を捨てること、これ以上に大きな愛はない」（新約聖書十五章十三節）とあり、普遍的な愛とされています。

かくの如く、自らを顧みずに利他の精神を貫く行為は洋の東西を問わず、至極の価値とされてきたという事実があり、真に教える価値を包摂していると言えるのではないでしょうか。そして、それは戦場に限らず、いつ何時でも起こりうる日常に潜む危機的状況で、その人の持つ道徳心は発揮されるということを私たちは知っています。

また、人は死を意識した時に、自分にとって「本当に大切な人・大切なものは何か」に思い至るということがあります。そこには究極の「気付き」があります。道徳授業では、我が身を先人の立場に置いて考えることが大切です。生と死の狭間に置かれた先人の生き方を吟味し、多くのシミュレーションを通して、自分が命に代えてでも守りたい価値とは何か、それを見つけていくのも道徳の学習でしょう。

さはさりながら、私はいつもこんな重いテーマの道徳ばかりをやっているわけではありませんからご安心ください。「感動もの」の教材もたいへん有意義で、よく取り組みます。感動は心の中の邪まなものを浄化させてくれます。美しい生き方に触れると生徒の心の中に行動の「美学」ともいうべき価値観が徐々に芽生えてきます。ただし、教材は作り話ではなく、実話でなければいけません。副読本などに見られる創作話では、中学生ともなると「でも現実はさぁ…」などと白けてしまいます。その点、わが国には偉大な先人や事例が数多く存在し、その事実をありのままに伝えるだけで大きな感動に打たれます。

また、道徳の授業の効果について肝要なことがあります。教師の研修会などでは、授業後の生徒は「道徳的実践力」を発揮できるようになったか、ということが話題になります。道徳的実践力の習得は道徳教育の目的のひとつですから､当然評価の対象になります。しかしながら、これが本当に難しい！　数学なら、公式を習ったら問題が解けるようになったということは当たり前です。しかし道徳では、この授業をやったからこんな道徳的行動ができるようになったという即物的なことは、そうそうあるものではありません。人間の心の持ちようや性格は簡単に変わりません。

これに関して、教育学者の杉原誠四郎先生に「道徳は富士山のようなものだ」と教えていただきました。遠く高く堂々とそびえる霊峰が徳目であり、時折、眺めては「ああ、美しいな」と感じ入るものであってよいのです。そうであれば人間というものは、ある時、不意に道徳的行動がとれることがあるのです。今はできなくとも五年先、十年先にでも「昔、先生が言ってたなぁ」と思い出して行動できればよいと思います。道徳教育は息の長いものなのです。これは裏を返せば、それほどのインパクトを与える力のある教材が必要ということでもあります。

本書に掲載された授業は、私が所属する「授業づくりＪＡＰＡＮ」（旧・自由主義史観研究会授業づくりプロジェクト）で、提案・検討・実践・再検討…というプロセスを経てできあがったものです。私たちはこの十年、歴史の授業改革とともに「戦場の道徳シリーズ」や「美しい日本・日本人を教える道徳授業」を研究してきました。代表の藤岡信勝先生のご指導のもと、授業づくりに使命感を持って取り組んでこられた小・中・高等学校の先生方によって、これまでにない画期的な教材が開発されています。今年（平成二七年）は小中学校の歴史授業の集大成として、副代表の齋藤武夫先生による『日本が好きになる！　歴史全授業』が発刊されました（入手方法は授業づくりＪＡＰＡＮのブログで検索して下さい）。そして、道徳授業のまとめとして私の実践を著わす機会が与えられました。本書は、メンバーの作った授業を中学生向けにアレンジした実践も収録しており、いわばプロジェクトの総力を結集した賜物です。私ども授業づくりＪＡＰＡＮはこれからも、生徒の心の中に大きな富士山を築いていけるような教材を開発して参ります。

最後になりましたが、本書は私の授業に興味津々で取り組み、こちらの予想を超える反応で感心させてくれた生徒たちがいたことで成り立っております。日本の未来を担ってくれる生徒の皆さんに感謝します。また、出版にあたって、高木書房の斎藤信二氏に編集から校正、画像の入手までたいへんお世話になりました。心からの御礼を申し上げます。

平成二七年八月十五日（終戦七十周年の節目の日）

服部　剛

服部　剛（はっとり　たけし）

昭和37（1962）年 神奈川県横浜市生まれ。
学習塾講師を経て、平成元年より横浜市公立中学校社会科教諭として奉職。元自由主義史観研究会理事。現「授業づくり JAPAN 横浜《中学》」代表。
著書『先生、日本のこと教えて～教科書が教えない社会科授業』（扶桑社）。『感動の日本史　日本が好きになる！』（致知出版社）
共著『国境の島を発見した日本人の物語』（祥伝社）
ブログ：授業づくり JAPAN 横浜《中学》「日本人を育てる歴史と道徳」
http://jdjapany.blog.fc2.com/

教室の感動を実況中継！
先生、日本ってすごいね

平成27（2015）年9月23日　第1刷発行
令和3（2021）年6月15日　第2刷発行

著　者　服部　剛
発行者　斎藤 信二
発行所　株式会社　高木書房
〒116－0013
東京都荒川区西日暮里5－14－4－901
電　話　03－5615－2062
FAX　03－5615－2064
メール：syoboutakagi@dolphin.ocn.ne.jp
装　　丁　株式会社インタープレイ
印刷・製本　株式会社ワコープラネット
※乱丁・落丁は、送料小社負担にてお取替えいたします。
※定価はカバーに表示してあります。

 ISBN978-4-88471-803-9　C0037　Printed in Japan